MAX LUCADO

MOLDADO POR DEUS

Ⓟ Proclamação

Max Lucado

Moldado Por Deus

Tradução:
Marisa Veiga Lobato

Título original: On the Anvil

Edição original por Tyndale House Publishers, Inc. © 2002, por Max Lucado
Copyright da tradução © Editora Proclamação Ltda 2010

Todos os direitos reservados. Impresso no Brasil. Nenhuma parte deste livro pode ser utilizada, reproduzida ou armazenada em qualquer forma ou meio, seja mecânico ou eletrônico, fotocópia, gravação etc. sem a permissão por escrito da editora.

SUPERVISÃO EDITORIAL: Oliver Conovalov
TRADUÇÃO: Marisa Veiga Lobato
REVISÃO: João Félix
CAPA: Roger Conovalov
PROJETO GRÁFICO E DIAGRAMAÇÃO: Roger Conovalov
FOTO DA CAPA: Arthur S. Aubry/ Getty Images.
Todos os direitos reservados.

As citações bíblicas foram extraídas da versão brasileira:
A Bíblia Sagrada (Antigo e Novo Testamento), Traduzida em português por João Ferreira de Almeida, Revista e atualizada no Brasil – 3ª edição.

Catalogação na Fonte do Departamento Nacional do Livro
(Fundação Biblioteca Nacional, Brasil)

Lucado, Max.
  Moldado por Deus: quando Deus começa a nos moldar à sua imagem/ Max Lucado; tradução de Marisa Veiga Lobato - São Paulo: Editora Proclamação Ltda, 2024.

  Tradução de: On the Anvil
  ISBN: 978-85-86261-02-2

  1. Cristianismo 2. Auto-Ajuda

Todos os direitos reservados à Editora Proclamação Ltda
Rua Cateuqese, 33 - Jardim
Santo André - SP - Cep: 09090-400
Fone: (11) 2896-6770
e-mail: livrariaverdevale@hotmail.com
www.editoraproclamacao.com.br

PARA A MINHA MÃE E MEU PAI.
Duas pessoas que têm a coragem de um gigante e o coração de uma criança.

SUMÁRIO

Agradecimentos x
Prefácio xi

INTRODUÇÃO: A Loja do Ferreiro 15
PARTE UM: A pilha de ferramentas quebradas
1. A pilha de ferramentas quebradas 21
2. Estou muito cansado 23
3. Agora, não perca o controle! 25
4. Uvas azedas 27
5. Billie se resigna 29
6. Pelo amor de um estranho
   e pela falta de um nome 31
7. Misericórdia, não sacrifício 35
8. Quem é justo? 37
9. Esperança para Leo? 39
10. Judas, o homem que nunca soube 41
11. A esperança que foi ignorada 43
12. Olhos que nunca veem;
    ouvidos que nunca ouvem 45
13. Vinho novo é para pele nova 49

PARTE DOIS: Na bigorna
14. Na bigorna 53
15. A hora da bigorna 55
16. Pegadas de Satanás 57
17. Provação – explosão,
    provação – explosão 59

18. Quem empurra seu balanço?..................63
19. Almoço com Juan..................67
20. A vida conforme a sala de imprensa........71
21. O valor de um relacionamento..................73
22. Sem cortina!..................79
23. Você viu Jesus?..................81
24. Um bom coração, mas.....................83
25. O andarilho..................85
26. O dia em que meu pra to se quebrou........89
27. Colocando sua Crença onde seu coração está..................91
28. Um dia..................93
29. "Deus, você não se importa?"..................95
30. O machado sem corte..................97
31. Dia de São Valentim, 1965..................99
32. Esgotos abertos e pecados repentinos.....101
33. Quem é o responsável aqui?..................107

PARTE TRÊS: Um instrumento para nobres propósitos
34. Um instrumento para nobres propósitos..................111
35. Hoje eu farei uma diferença..................113
36. O túnel testado..................115
37. O movimento que estava condenado a fracassar..................119
38. Comunicação é muito mais do que palavras..................123
39. Amor inegociável..................127
40. Ficar solteiro: erro ou missão..................131
41. A língua venenosa..................135
42. O dia da pergunta. A pergunta!..................137
43. Cinco votos de segurança..................139
44. A Oração do Matrimônio..................141

45. Sara 143
46. O detector de peixes 145
47. Triunfante... Para sempre! 149
48. A criação de um movimento 153

CONCLUSÃO: Emergindo da bigorna
49. Fora da bigorna 157

AGRADECIMENTOS

Com a mais terna apreciação para:
Doug e Carol –
por três inesquecíveis anos
dourados na Costa.

Stanley, London e Liynn –
pela ajuda em transformar a palavra
em um verbo de ação.

Steve e Cheryl –
por sua inextinguível lealdade.

Fern, Sue e Laurie –
por manter os seus olhos na minha gramática e os
seus dedos na minha máquina de escrever.

E, mais que tudo, minha eterna parceira, Denalyn.
Se todo homem tivesse uma esposa como você,
quão doce esse mundo seria!

PREFÁCIO

Trilhar por meio das páginas deste livro traz-me uma enchente de memórias de onde eu estava quando as palavras foram escritas. A maioria dos artigos foi escrita quando eu era um ministro associado de uma igreja em Miami, Flórida, há alguns anos.

Uma das minhas tarefas era a de escrever um artigo semanal para o boletim da igreja. Muitos ministros temem tal tédio. Mas cresci para apreciar a tarefa. Quando eu era solteiro, ficava em meu escritório até tarde da noite, escrevendo e reescrevendo os artigos. O boletim era pequeno, então os meus artigos eram curtos. Eu não imaginava que eles pudessem ser lidos fora da igreja, o que explica o porquê de muitas das ilustrações serem locais.

Mas os artigos eram lidos fora de Miami. Comecei a receber cartas de pessoas em todo o país requisitando uma cópia deles. Eu estava exposto ao poder da palavra escrita. E me dei conta de que a caneta falaria a pessoas que eu não conhecia, em lugares que eu talvez nunca vá, de maneira que talvez nunca possa saber. Eu estava maravilhado.

Então recebi uma carta de Randy Mayeux, um amigo que na época vivia na Costa Oeste. "Você deveria pensar em escrever para uma publicação", disse ele. Eu o agradeci, arquivei a carta e não pensei muito a respeito dessa ideia. Não porque eu não estivesse interessado. Eu simplesmente não tinha tempo.

Estava ocupado me preparando para um casamento e para uma mudança para o Brasil. Onde encontraria tempo para rever os artigos, colocá-los em um livro e enviá-los para as editoras? A resposta? Encontrei o tempo no Brasil. Quando Denalyn e eu nos mudamos para o Brasil, em 1983, gastávamos muitas horas por dia estudando a língua local. À noite, a última coisa que eu queria fazer era falar português. Eu precisava fazer alguma coisa em inglês.

Então me lembrei dos artigos. O que eu tinha a perder? Passei várias semanas reescrevendo e elaborando-os em forma de manuscritos. Sem conhecer o nome de uma única editora, fui até a minha biblioteca e anotei o endereço de quinze diferentes editoras e enviei uma cópia para cada uma delas.

Seis delas enviaram os envelopes de volta sem abri-los. As outras seis abriram o envelope, mas disseram não, obrigado. Três mostraram interesse, e uma dessas três, a Tyndale House (Editora Tyndale), me enviou um contrato. Eu estava maravilhado. Serei sempre grato ao Sr. Wendell Hawley e à família da Editora Tyndale por assumirem um risco por mim e publicarem o meu primeiro livro, que o intitularam de *Na bigorna*.

Agora chamado *Moldado por Deus*, este livro pré-data muitos esforços mais conhecidos como: *Seu nome é Salvador*, *Não é de admirar que o chamem assim* e *Ele ainda remove pedras*. Este é o livro que escrevo como sendo único. Na verdade, este é o único livro que escrevi antes de ter filhos. Se me lembro corretamente, recebi o contrato no mesmo dia em que Denalyn e eu t fomos informados da primeira gravidez dela.

É também o único livro que meu pai chegou a ver. Ele morreu logo após a sua publicação inicial.

Nunca sonhei em ser um autor. Nunca. As palavras no livro não são aquelas de um escritor ambicioso. Ao ler *Moldado por Deus*, você estará lendo os pensamentos de um jovem missionário que escreve diretamente da sua alma. O estilo não é tão bom como o que deveria ser. Algumas partes são muito abruptas, outras são muito discursivas, mas este é o meu primeiro livro, e ele tem um lugar especial em meu coração. E ainda que pudesse, eu não mudaria uma única palavra dele.

Obrigado mais uma vez à Editora Tyndale por aceitar o desafio. Obrigado ao Dr. Wendell Hawley e ao Sr. Mark Carpenter por visualizarem o potencial. E obrigado a você por adquirir esta edição.

INTRODUÇÃO:
A LOJA DO FERREIRO

Na loja de um ferreiro existem três tipos de ferramentas. Na pilha de lixo existem ferramentas:
ultrapassadas,
quebradas,
sem corte,
enferrujadas.
Elas são colocadas num canto, cobertas por teias de aranha, sem uso para o seu mestre e suas utilidades são esquecidas.

Na bigorna existem ferramentas:
derretidas,
fundidas,
moldáveis,
alteráveis.
Elas ficam na bigorna, sendo modeladas pelo seu mestre, aceitando o seu desígnio.

Existem ferramentas de muita utilidade:
afiadas,
preparadas,
definidas,
movíveis.
Elas ficam prontas na caixa de ferramentas do ferreiro, disponíveis para o seu mestre, cumprindo o seu desígnio.

Algumas pessoas ficam sem uso:
  vidas quebradas,
    desperdiçando talentos,
      fogo apagado,
        sonhos destruídos.

Elas são rendidas como os fragmentos de ferro, em desesperada necessidade de reparos, sem noção de propósito.

Outras ficam na bigorna:
  corações abertos,
    famintos para mudar,
      ferimentos sendo curados,
        visões tornando-se claras.

Elas dão boas-vindas às dolorosas pancadas do martelo do ferreiro, desejando serem refeitas, suplicando para serem utilizadas.

Outras repousam nas mãos do seu Mestre:
  bem-sintonizadas,
    determinadas,
      polidas,
        produtivas.

Elas respondem de antemão ao seu Mestre, sem pedir nada, entregando tudo.

Todos nós nos encontramos em algum lugar da loja do ferreiro. Ou nós estamos na pilha (monte) de fragmentos, ou na bigorna das mãos do Mestre, ou na caixa de ferramentas. (Alguns de nós nos encontramos nos três lugares.)

Nesta coleção de escritos, faremos um passeio pela "loja". Nós examinaremos todas as ferramentas e olharemos em todos os cantos. Desde as prateleiras até a bancada de trabalho; desde a água até o fogo...

E tenho certeza de que você se verá em algum lugar.

Descobriremos o que Paulo quis dizer quando falou em se tornar "um instrumento para nobres propósitos". E que se tornar é isto: a pilha de lixo de ferramentas quebradas, a bigorna de refundição, as mãos do Mestre – esta é uma viagem simultaneamente prazerosa e dolorosa.

Para você que faz a viagem – que deixa a pilha (monte) e entra no fogo, ousa-se a ser martelado na bigorna de Deus, e obstinadamente procura descobrir o seu propósito –, tenha coragem, pois você aguarda pelo privilégio de ser chamado "instrumento escolhido de Deus."

PARTE UM
A PILHA DE FERRAMENTAS QUEBRADAS

1
A PILHA DE FERRAMENTAS QUEBRADAS

Para me achar, dê uma olhada no canto da loja.
    aqui,
        atrás das teias de aranha,
            embaixo da poeira,
                na escuridão.
Existem inúmeras de nós,
    cabos quebrados,
        lâminas sem fio,
            ferro rachado.
Algumas de nós um dia foram úteis, mas... muitas de nós nunca o foram.
Mas, ouça, não tenha pena de mim.
A vida não é tão ruim aqui na pilha (no monte)...
    sem trabalho,
        sem bigorna,
            sem dor,
                sem corte.
E, além do mais, os dias são bem longos.

Você está arrasado também?

Você acha que Deus talvez esteja chamando você para "sair de detrás das ruínas?" O que isso exigiria de você?

2
ESTOU MUITO CANSADO

Este será lembrado como um dos casos mais confusos de pessoa desaparecida. Em agosto de 1930, Joseph Crater, de 45 anos, deu adeus aos seus amigos. Após um jantar num restaurante em Nova Iorque, chamou um táxi e foi embora. Nunca mais ninguém o viu ou mesmo ouviu falar dele.

Cinquenta anos de procura ofereceram inúmeras teorias sobre o caso, mas nenhuma conclusão. Uma vez que Crater era um bem-sucedido Juiz da Corte Suprema de Nova Iorque, muitos suspeitaram de assassinato, mas uma pista concreta nunca foi achada. Outras opções foram apresentadas: sequestro, envolvimento mafioso, ou até mesmo suicídio.

Uma procura em seu apartamento revelou uma ideia. Era um bilhete anexado em um cheque, e ambos foram deixados para a sua esposa. O cheque era de um valor considerável, e o bilhete dizia: "Estou muito cansado. Com amor, Joe."

O bilhete poderia ser nada mais do que um pensamento no final de um dia difícil. Ou isso poderia significar algo maior – o epitáfio de um homem desesperado.

O cansaço é algo violento. Não quero dizer o cansaço físico que vem ceifar a relva ou o cansaço mental após um difícil dia de pensamentos e decisões. Não, o cansaço que atacou o juiz Crater é muito pior. Este é o cansaço que vem somente antes de você desistir. Aquela sensação de real desespero. É o pai desanimado, a criança abandonada ou o aposentado com o tempo em suas mãos. É aquele estágio da vida em que a motivação desaparece: as crianças cresceram, perdeu-se um trabalho, uma esposa faleceu. O resultado é o cansaço – cansaço profundo, solitário e frustrado.

Na história, somente um homem alegou ter a resposta para isso. Ele se coloca diante de todos os Josephs Craters que existem no mundo com a mesma promessa:

"*Venham a mim, todos os que estão cansados... e eu lhes darei descanso*" (Mateus 11.28).

Você realmente já ficou cansado? O que você faz quando se sente assim?

Você já provou do descanso que Cristo oferece? Se não, por quê?

Como você se coloca no descanso de Cristo?

3
AGORA, NÃO PERCA O CONTROLE!

Pedro os seguia a distância.
LUCAS 22.54

Pedro era esperto.
Ele manteve distância de Jesus.
"Eu ficarei perto o suficiente para vê-lo", pensou Pedro.
"Mas não tão perto, ou talvez seja pego."

Bem pensado Pedro.
Não se envolva tanto – isso talvez machuque.
Não seja tão leal – ou você pode ser tachado.
Não mostre muita preocupação – eles também crucificarão você.

Nós precisamos de mais homens como você, Pedro.
Homens que mantenham a religião no seu lugar.
Homens que não mexam na água.
Homens que estão cobertos de mediocridade.

É o tipo de homem que Deus precisa sim, senhor.
> *Um que saiba como manter distância:*
> *"Agora pagarei as minhas dívidas e virei uma vez por semana,*
> *mas... bem... você pode perder o controle, você sabe."*

Sim, você pode perder o controle...
> *subir uma colina,*
> *para uma cruz,*
> *e morrer.*

Pedro aprendeu uma lição naquele dia – uma dura lição.
> *É melhor nunca ter seguido a Jesus*
> *do que tê-lo seguido e tê-lo negado.*

Marque estas palavras:
> *Siga a distância e você negará o Mestre.*
> *Você não morrerá por um homem que você não pode tocar. Mas fique próximo dele, na sua sombra...*
> *Você morrerá com ele, alegremente.*

Você já foi "carregado" por Jesus?

O que o mantém afastado? O que você precisa entregar a Deus?

4
UVAS AZEDAS

Certa vez conheci um homem que tratava o estudo bíblico e o culto da mesma maneira que um rude crítico de filmes trata um lançamento.
"Entretenha-me!"
Braços cruzados.
Lábios cerrados.
Expectante.
"Era melhor isto
ser bom."

Com um olhar cruel e um ouvido crítico
ele sentava
e assistia
e ouvia.

O professor, o pastor, o diretor de música, todos eram suas presas. E que a desgraça caia sobre o professor que não pediu sua opinião, sobre o pastor que passou alguns minutos, sobre o diretor de música que escolheu canções que ele não conhecia.

Certa vez conheci um homem que vinha todos os domingos para ser entretido, e não encorajado. Ele comentou que o jogo de domingo à tarde era mais interessante do que a reunião de domingo pela manhã.

Eu não estava surpreso.

Parece familiar? Que impacto negativo este tipo de pessoa tem?

Você já se sentiu como aquele homem? Que influências ajudaram-no a mudar de atitude?

5
BILLIE SE RESIGNA

Numa noite de 1954, Billie Sicard se resignou da vida. Não foi feito nenhum anúncio oficial nem foram assinados quaisquer papéis. Mas ainda assim ela se resignou. Para todos os propósitos práticos. Billie decidiu não viver mais. O seu espírito morreu em 1954; o seu corpo morreu em 1979.

Naquela noite de 1954, a única razão que Billie tinha para viver a deixou. Seu filho de 12 anos de idade, George, morreu de um tumor no cérebro. A morte do pequeno George deixou Billie prisioneira de um vácuo. Ela tinha 34 anos quando George nasceu. Depois que o marido a deixou, o pequeno George tornou-se a sua vida. Quando ele morreu, a morte dele se tornou a dela.

Ela era próspera. Billie viveu na exclusiva "Sunset Island" (Ilha do Pôr do Sol) em Miami, desde 1937. Depois da sua morte, a casa dela foi para leilão pelo preço de 226 mil dólares. Não obstante, tudo isso era secundário para Billie. Seu filho tinha sido sua vida.

As pessoas dizem que depois que George morreu num hospital de Nova Iorque, o corpo foi levado para a casa dela para um velório. Depois de deixar o corpo na casa da Sra. Sicard por um dia, o diretor do funeral foi removê-lo. Ela se negou a deixá-lo levar. Por vários dias ela se lamentou por trás das portas trancadas antes de entregar o corpo.

Ir a uma loja e gastar 100 dólares comprando brinquedos para George não era nada para Billie. Quando o corpo dela foi encontrado em 1979, também foram encontrados os brinquedos, exatamente como seu filho os havia deixado. Nada tinha sido empacotado; nada fora movido. Por 25 anos Billie perambulou por uma casa repleta de brinquedos, com o coração cheio de memórias. Quando a casa foi vendida após sua morte, o uniforme de escoteiro principiante do pequeno George ainda estava pendurado no guarda-roupa de casacos, que ficava no porão. Na parede havia um desenho de um trenzinho, feito por uma criança, com lápis de cera vermelho. Ela nunca limpou esse desenho da parede. Os chinelos do Mickey Mouse estavam no canto do quarto dele. Na garagem havia um carro Packard 1941 estacionado, um presente que ela deu para o pequeno George quando ele completara 10 anos.

Quando Billie desistiu de viver, tornou-se uma reclusa social. Seu jardim se tornou uma selva. Sua casa se tornou uma fonte de histórias sobre fantasmas e contos sobre velhas esposas. Ela comia demais. Ela se retraiu. Ela não ligava para mais nada.

Billie se resignou.

A vida dela permanece como um quieto legado para todos nós. O homem deve ter algo maior do que a morte... ou a morte o pega.

Você conhece alguém que já tenha "desistido" da vida?

O que o mantém envolvido com a vida quando surgem dificuldades?

Como você acha que Deus o está chamando para viver?

6
PELO AMOR DE UM ESTRANHO E PELA FALTA DE UM NOME

O ponto máximo da vida de John aconteceu aos 13 anos de idade quando ele era o presidente do centro acadêmico. Até então, aquele escritório tinha sido o ponto mais alto em sua vida.

A vida de John é um enigma. Embora tenha nascido em uma casa de 300 mil dólares, ele é conhecido como um vagabundo sem ter sequer um centavo. Apesar de ele ser filho de um magnata bem-sucedido do petróleo, John mais desiste das coisas do que as finaliza. Apesar de seus pais serem muito sociais, ele é introvertido, recluso e quase impassível.

Amigos sugeriam que ele havia se tornado uma vítima dos seus próprios fracassos. Em uma família de sucessos, ele nem sequer tinha construído um nome para si mesmo. Seu irmão e irmã fizeram isso, mas ele não. A ovelha negra. O fracasso da família. Ele não tinha nome.

"Tudo se encaixa perfeitamente... exceto John", – comentou um amigo da família.

O colégio somente adicionou a degeneração. Por sete anos, ele ia e faltava, e nunca se graduou. John sempre evitava as pessoas na escola, um garoto estúpido com olhos apáticos. Um dos professores se lembra: "Normalmente havia cadeiras vazias ao redor dele, como se ele conscientemente escolhesse se sentar separado."

Não sabemos quais as emoções que mexeram com John. Raiva, talvez, de uma sociedade que lembrava as suas inadequações. Culpa. Lembranças dolorosas de que "Eu ponho todo mundo para baixo". Insignificância. Somente conhecido por aqueles que ele tocava; sua passagem era marcada apenas por tumulto e caminhos sujos.

Não conhecemos as emoções, mas acreditamos que conhecemos seus resultados.

John Hinckley Jr. parecia ter tido toda a intenção de matar o presidente. Pelo amor de um estranho e pela falta de um nome, ele supostamente esvaziou um revólver nos corpos de quatro homens.

As últimas informações dizem que John está em uma clínica correcional federal na Carolina do Norte. O quarto dele dispõe de uma pia, um banheiro, uma cama de solteiro, uma janela à prova de balas, e não há televisão ou rádio. Ele tentou se matar com uma overdose de remédios, mas não conseguiu. John não pôde matar o presidente, muito menos a si próprio.

No nosso mundo, existe pouco espaço para fracassos. O nosso sistema de empreendimento centralizado de sucesso é ideal para o promissor, mas devastador para o perdedor. Num esforço de criar vencedores, nós também criamos pessoas desajustadas.

Jesus tinha um lugar para os desajustados. Em seu livro, o último se torna o primeiro, e mesmo o perdedor tem o seu valor. É nossa responsabilidade sermos como Jesus. É nossa responsabilidade interceptar uma vida como a de John Hinckley e enchê-la com valor.

De onde vem nosso valor? Você já questionou seu próprio valor? Por quê?

Como o relacionamento com Cristo confirma nosso valor?

Como você pode colocar em prática a visão de Cristo acerca dos desajustes em seu mundo?

7
MISERICÓRDIA, NÃO SACRIFÍCIO

Ide, porém, e aprendei o que significa:
Misericórdia quero e não holocaustos; pois não
vim chamar justos, e sim pecadores.

MATEUS 9:13

"Senhor", disse eu, "quero ser um homem de Deus, e não de mim mesmo.
   Então a ti eu entrego meu dinheiro, meu carro – e até a minha casa."

Depois, satisfeito e contente, descansei com um sorriso e cochichei para Deus:
"Garanto que já faz um tempo desde que alguém tenha dado tanto – tão livremente."
E a resposta dele me surpreendeu. Ele disse, "Não exatamente."

"Desde o começo dos tempos, nenhum dia se passou sem que alguém oferecesse escassos níqueis e moedas de prata."
   Altares de ouro e cruzes, contribuições e penitências, monumentos de pedras e torres de igrejas: mas por que não arrependimento?

*O seu dinheiro, as estátuas, as catedrais que você construiu,
Você realmente pensa que preciso de ofertas de culpa?
Quão bom pode ser o dinheiro para vocês, que serve somente
para aliviar a consciência dolorida que muitos de vocês têm?*

*"Os seus lábios não conhecem orações.
Os seus olhos não têm compaixão.
Mas você irá à igreja (quando estiver na moda ir à igreja)."*

*"Dê-me somente uma lágrima – um coração pronto para ser moldado.
E eu te darei uma missão, uma mensagem tão audaz –
Que fará com que o fogo seja levado para onde só existia morte.
E o seu coração será queimado pela minha vida e pelo meu sopro."*

*Eu coloquei as minhas mãos nos bolsos e sacudi a poeira.
É duro ser corrigido (acho que os meus sentimentos estavam feridos).
Mas valeu o esforço para entender o pensamento
De que a cruz não esta à venda e de que o sangue de Cristo não pode ser comprado.*

O que você está oferecendo a Jesus? Que dom Jesus lhe pede?

Você realmente aceita o sacrifício que Jesus fez?

8
QUEM É JUSTO?

Pergunta: Senhor, quem habitará no teu tabernáculo?
Resposta: O que pratica a justiça. (Salmos 15: 1-2, parafraseado)

Alguma vez você notou quantas pessoas querem ser justas diante de Deus? Pessoas ricas,
   Pessoas religiosas
      Pessoas do interior,
         Pessoas da cidade.
            Todos os tipos de pessoas
               querem ser justas.

Algumas pessoas são educadas:
   Elas aprendem todos os pequenos e engraçados símbolos gregos,
   Elas aprendem tudo sobre teologia,
   Elas aprendem tudo sobre manuscritos, papiro, Pergaminhos do Mar Morto,
   E coisa e tal...

Elas são justas, elas dizem... e discutem juntas e zombam daqueles que não o são.

Algumas pessoas são extremamente preocupadas com missões:
 Elas aprendem novas línguas,
 Elas ensinam pessoas incultas,
 Elas tiram fotos de convertidos e falam em conferências.
 Elas são justas, elas dizem... e discutem juntas e zombam daqueles que não o são.

Algumas pessoas são vocacionais:
 Elas conseguem trabalho,
 Elas pagam à sua maneira,
 Elas coçam os cotovelos com o "mundo real",
 Elas são pitadas de fermento em uma sociedade em expansão.
 Elas são justas, elas dizem... e discutem juntas e zombam daqueles que não o são.

Você sabe, eu acho que algumas vezes Deus olha para baixo, neste banco empoeirado e vê:
 A confusão teológica justa,
 A confusão missionária justa,
 A confusão vocacional justa... e eu acho que ele suspira.

O que é justiça? Quem é justo? Você se junta ao "grupo dos justos"?

Como você pode sair do grupo? Qual é sua atitude em relação aos outros? Qual deveria ser?

9
ESPERANÇA PARA LEO?

Deixe-me apresentá-lo para o Leo.

Eu costumava tomar o café da manhã em um restaurante cubano próximo à minha casa. Era uma caminhada rápida e refrescante, e uma boa oportunidade para pensar nos meus planos do dia. Entretanto, numa certa manhã, os meus pensamentos foram interrompidos por um senhor ágil e impassível que usava um boné de golfe e vestia calças sujas de trabalho. (Ele não aparentava os seus 66 anos de idade).

"Você é um estudante, filho?" (Eu imagino que ele vira a minha Bíblia e o meu caderno de anotações.) "Eu tenho alguns livros escolares para vender."

Eu o segui para dentro de uma casa vazia toda desarrumada, com abajures, livros, mesas de canto – tudo para venda. Ele disse que estava de mudança. "Eu preciso me livrar destes objetos." Uma coisa leva à outra. Logo, nós estávamos sentando e conversando, e Leo, com as suas perguntas sobre o papa, sobre a Bíblia, e sobre as "almas"; e eu com as minhas perguntas sobre Leo.

A história dele era bem pitoresca: uma criança deprimida; que vendera selos no Estádio Yankee (estádio de beisebol em Nova York) e programas no Madison Square Garden (ginásio de esportes e de shows); fora um taxista em Miami. Contudo – apesar de sua vida ser cheia de experiências –, o seu rosto era isento de alegria. Ele falou de como "Você não pode mais confiar em ninguém. É um mundo difícil". Quando tentei ir embora, ele insistiu para que eu ficasse. Ele estava faminto por uma conversa. O seu quinto e último filho tinha acabado de sair de casa. Ele não disse nada a respeito do seu casamento, embora fotos familiares cobrissem a parede. "Eu quero me mudar... para algum lugar", resmungou. Leo estava naquela fase da vida em que tudo o que se tem a fazer é olhar para a morte, e tudo o que resta atrás de si é memória. Para Leo, a vida era bem real. Para Leo, a vida era muito vazia.

Talvez não fosse justo que eu fizesse uma pergunta tão dolorosa, mas mesmo assim perguntei:

"Se você pudesse viver a vida novamente, você a viveria"?

Ele olhou para mim e depois para o chão.

"Não", disse ele tristemente. "Eu acho que não."

É difícil estar num mundo negro sem nenhuma luz.

Você já percebeu que não tem aquele tipo de luz – mesmo em sua caminhada com Cristo?

A vida parece vazia para você? Você sabe o que é a esperança de Jesus?

Como você vive na paz e na esperança de Cristo – e como você pode compartilhar isso com os outros?

10
JUDAS, O HOMEM QUE NUNCA SOUBE

Algumas vezes, tentei imaginar que tipo de homem este Judas era. Como ele era, como ele agia, quem eram os seus amigos. Acho que eu o estereotipei. Sempre o imaginei magro, de olhos grandes e redondos, dissimulado, uma pessoa vil, de barba pontuda e tudo o mais. Eu o descrevi como alienado em relação aos outros apóstolos. Sem amigos. Distante. Sem dúvida ele era um traidor e um colaboracionista. Provavelmente o resultado de um lar desmoronado. Um delinquente em sua juventude.

No entanto, imagino se isso fora verdade. Não temos nenhuma evidência (somente o silêncio de Judas) que sugeriria que ele fosse uma pessoa isolada. Na última ceia, quando Jesus disse que o seu traidor havia assentado à mesa, não achamos nenhuma passagem que mostre os apóstolos se virando para Judas como se ele fosse o ardil traidor.

Não, acho que o pegamos como bode expiatório. Talvez ele fosse exatamente o contrário. Em vez de magro e dissimulado, talvez ele fosse robusto e jovial. Em vez de quieto e introvertido, ele poderia ter sido extrovertido e cheio de boas intenções. Eu não sei.

Mas para todas as coisas que não sabemos a respeito de Judas, existe uma coisa certa que sabemos: ele não tinha relacionamento com o Mestre. Ele viu Jesus, mas não o conhecia. Ele ouviu Jesus, mas não o compreendeu. Ele tinha uma religião, mas não um relacionamento.

Como Satanás trabalhava à sua maneira ao redor da mesa, ele precisava de um tipo especial de homem para trair o nosso Senhor. Ele precisava de um homem que tinha visto Jesus, mas que não o conhecia. Ele precisava de um homem que conhecia as ações de Jesus, mas que havia omitido a missão de Jesus. Judas era o homem. Ele conhecia o império, mas nunca conheceu o Homem.

Nós aprendemos essa intempestiva lição do traidor. As melhores armas de Satanás não são de fora da igreja; elas estão dentro dela. Uma igreja nunca morrerá por causa da imoralidade em Hollywood ou por causa da corrupção em Washington. Mas morrerá por uma corrosão dentro de si mesma – por causa daqueles que defendem o nome de Jesus Cristo, mas na verdade nunca o conheceram, e por causa daqueles que têm religião, mas não têm relacionamento.

Judas carregou o manto da religião, mas nunca conheceu o coração de Cristo. Vamos fazer com que esse seja o nosso objetivo a ser conhecido... profundamente.

Que qualidades vêm à sua mente quando você pensa em Judas?

Você também tem alguma dessas características?

Qual a diferença entre ter uma religião e ter um relacionamento?

11
A ESPERANÇA QUE FOI IGNORADA

Era uma vez uma pequenina aldeia nos Alpes Suíços. A aldeia estava com um sério problema. A fonte que fornecia água para o vilarejo secou. As pessoas começaram a entrar em pânico. Havia um rio próximo à comunidade, mas este estava localizado no leito de um desfiladeiro muito profundo. Sendo assim, ninguém conseguia atingir a água. E a época se situava na metade do verão, então toda a neve do topo das montanhas já havia se derretido.

No entanto, existia outra fonte de água do outro lado do desfiladeiro, ao lado adjacente da montanha. Um jovem pensador e imaginativo trouxe uma solução. Ele construiu uma ponte que ia para o outro lado do desfiladeiro.

O povoado da aldeia ficou super alegre.

Imediatamente se formou uma organização de carregadores de balde, e o fornecimento de água foi suprido. Não é necessário dizer que a ponte se tornou muito importante para esse povoado. Era a fonte de vida deles.

Eles honraram a ponte. Eles a nomearam com o nome do construtor e a pintaram com um bonito dourado. Enfeitaram-na.

Construíram miniaturas da ponte e as vendiam nas ruas. As pessoas as usavam no pescoço e as penduravam nas janelas. Um comitê foi formado para prestar homenagem à ponte. Somente a algumas pessoas era permitido fazer isso, e em certos dias, e somente se estivessem vestindo certos tipos de roupas. A posição de zelador da ponte se tornou a posição mais respeitada e venerada na montanha. Ninguém podia ver ou cruzar a ponte sem a sua permissão.

Infelizmente, começaram a existir disputas dentro do comitê. As discordâncias foram centradas em se eles deveriam ou não construir uma cobertura sobre a ponte. Então a ponte foi fechada até que uma decisão fosse tomada.

Muitas pessoas morreram de sede enquanto os líderes debatiam sobre o assunto.

Na busca pela verdade, os recursos normalmente chegam ao fim.

Qual é o significado desta parábola para você?

Em que sentido o modo de pensar dos aldeões era falho?

Que característica humana básica foi a causa do conflito? Você já viu esse tipo de pensamento falho em seu mundo hoje?

12
OLHOS QUE NUNCA VEEM; OUVIDOS QUE NUNCA OUVEM

Ele é uma serpente mortal. Marque as minhas palavras. A serpente de Satanás.
Fique de sentinela.
Ele é esperto e astuto.
Ele espreita em cada esquina escura e em cada buraco embolorado. Ele ataca com abandono. O velho, o pobre, o jovem – todos são suas presas. Ele segue o seu caminho tortuosamente dentro de cada vida e raramente perde o seu alvo.
E que astúcia! Nunca sabemos quando ele vai atacar. Quando ele vai se aproximar. Nunca sabemos. Tudo que podemos ver são os resultados da sua mordida fatal: faces pálidas, corações não reflexivos, mentes sem questionamentos, vidas vazias. Um rastro desordenado com corações machucados e lágrimas.
Quem é esta serpente? – A ganância? A cobiça? A vaidade? Não (ainda que elas sejam igualmente mortais). Não. Eu estou desmascarando o maior vilão de todas as víboras do

inferno – a complacência. Nós vivemos num mundo infestado por complacência.

Somos complacentes para com a espera. Muitas pessoas decidem por algo sem graça, um estilo de vida banal que atinge o seu cume aos 17 anos. Esperança? O que se tem para esperar? A vida é um salário e um final de semana. Nada mais. Você poderia pensar que todos nós tivemos um aborrecimento. É como um carro atrás do outro, dirigindo-se em direção ao despenhadeiro, e nenhum se atrevendo a opor-se. É como nomes pintados em aquarela nos muros... que são lavados pelas chuvas de agosto.

Somos complacentes para com a morte. As faces mascaradas de um funeral suportam a dor durante todo o cortejo; choro no enterro; e então, poucas horas depois, se divertem com o programa do comediante Johnny Carson. "A única maneira de encarar a morte é aceita-lá como algo inevitável. Não a questione ou a desafie. Você sairá andando deprimido." Nós permanecemos complacentes.

Somos complacentes para com Deus. Os devotos lotam os bancos das igrejas e cantam pelas costas de alguém. A comunhão é perdida na formalidade. Uma, duas, três vezes por semana, pessoas pagam as suas penitências ao entrar pela porta da igreja, manter um ritual e sair pela porta novamente. A culpa é apaziguada. Deus é insultado. Será que somos tão ingênuos em pensar que ele precisa das nossas visitas à igreja? Será que somos tão ignorantes que colocamos Deus em uma caixa, achando que ele pode ser levado para dentro e para fora de acordo com a nossa conveniência?

Somos complacentes para com os propósitos. Como é que pode nesse mundo uma pessoa nascer, estudar, amar ou não amar, ter um trabalho, se casar, ter filhos, cuidar dos filhos, ver a morte, chorar, gritar, sorrir, beber, comer, fumar, subir ou descer a escada, se aposentar, e morrer sem nunca, nunca perguntar o porquê? Nunca pergunta "Por que estou aqui?" Ou, ainda pior, perguntar o porquê e estar contente sem mesmo ter uma resposta. A história está repleta de vidas que morreram sem terem um propósito. As vizinhanças estão cobertas com mediocridade. Os complexos de escritórios são pintados de cinza com uma impressão desagradável. Cinco em cada nove pessoas são hipnotizadas pela rotina. Mas alguém se opõe a isso? Alguém desafia o maquinário? Alguém pergunta por quê?

Às vezes tenho vontade de parar na esquina de uma rua e gritar, "Alguém gostaria de saber o porquê? O porquê de entardeceres solitários? O porquê dos corações partidos? O porquê de casamentos destruídos? O porquê de bebês sem pais?" Mas nunca faço isso.

Simplesmente coloco as minhas mãos nos meus bolsos, olho fixamente... e fico a pensar.

A maior trapaça mortal de Satanás não é a de nos roubar as respostas, mas sim a de nos roubar as perguntas.

Qual é a diferença entre contentamento e complacência?

Qual é a fonte de complacência?

O que seria necessário para abalar sua complacência?

13
VINHO NOVO É PARA PELE NOVA

Nunca me esquecerei de Steven.

Eu o conheci em Saint Louis. Os seus 23 anos de idade tinham sido muito duros; seus braços eram cheios de cicatrizes causadas por seringas e seu pulso tinha cicatrizes causadas por uma faca. O seu orgulho era o seu punho, e sua fraqueza era sua namorada.

A reação inicial de Steven com relação ao amor foi muito bonita. Uma vez que expusemos a história de Jesus para ele, o seu semblante endurecido se tornou mais brando e os seus olhos negros dançavam.

Ele queria mudar.

Mas sua namorada não tinha nada disso. Oh, ela ouvia educadamente e era muito doce, mas seu coração era controlado por trevas. Qualquer mudança que Steven fizesse seria rapidamente amortecida, uma vez que sua namorada astuciosamente o manobraria de volta para os seus hábitos antigos. Ela era a última coisa entre ele e o reino. Nós o suplicamos para deixá-la. Ele estava tentando colocar vinho novo dentro de um velho odre de vinho.

Ele lutou por dias tentando decidir sobre o que fazer. Finalmente, chegou a uma conclusão. Ele não poderia deixá-la.

Na última vez que eu o vi, ele chorou... incontrolavelmente. Segurei Steven – o grande, o valentão, o machão – em meus braços. A profecia de Jesus era verdadeira. Ao colocar o seu novo vinho dentro de uma pele velha, o vinho se perde.

Pense por um minuto. Você tem alguns odres de vinho que precisam ser jogados fora? Dê uma olhada dentro do seu armário. Eles aparecem em todos os tamanhos – comida, roupas, sexo. Ou um hábito antigo, como por exemplo, fofoca ou profanação. Ou possivelmente, como Steven, um relacionamento antigo. Nenhum relacionamento ou romance vale mais do que a sua alma. Arrependimento significa mudança. E mudança significa purificar o seu coração de qualquer coisa que não pode coexistir com Cristo.

Você não pode colocar uma nova vida dentro de um antigo estilo de vida. A tragédia inevitável acontecerá. A nova vida se perderá.

Quais são seus odres velhos? O que será necessário para levá-los a jogá-los fora?

Você está disposto a fazer isso? Em caso negativo, por quê?

PARTE DOIS
NA BIGORNA

14
NA BIGORNA

Com um forte braço, o ferreiro vestido com um avental põe as pinças dentro do fogo, agarra o metal fervendo e o coloca sobre a bigorna. O seu olho aguçado examina a peça ainda em brasa. Ele vê o que a ferramenta é agora e visualiza o que ele quer que ela seja – mais cortante, mais achatada, mais larga, mais comprida. Com uma visão mais clara em sua mente, ele começa a martelá-la. A sua mão esquerda ainda segura as pinças com o metal quente; e a mão direita bate no metal moldável com uma marreta de aproximadamente 1 quilo.

Na sólida bigorna, o ferro ainda em combustão começa a ser remodelado.

O ferreiro sabe o tipo de instrumento que ele quer. Ele sabe o tamanho. Ele sabe o formato. Ele sabe a força.

Pá! Pá! Bate o martelo. Os barulhos ressoam na loja, o ar se enche de fumaça, e o metal ainda mole responde.

Mas a resposta não vem fácil. Não vem sem um desconforto. Para derreter o ferro velho e refundi-lo como novo passa-se um processo de ruptura. O metal ainda se mantém na bigorna, permitindo que o ferreiro remova as cicatrizes, repare as rachaduras, preenche as lacunas e purifique as impurezas.

E com o tempo, uma mudança ocorre: o que era sem corte se torna afiado, o que era torto se torna reto, o que era fraco se torna forte, e o que era inútil se torna valoroso.

Então o ferreiro para. Ele cessa as batidas e coloca o martelo de lado. Com um forte braço esquerdo, levanta as pinças até que o metal recém-moldado esteja à altura dos seus olhos. Ainda em silêncio, ele examina a ferramenta em brasa. O implemento incandescente é girado e examinado para ver se existem marcas ou rachaduras.

Não existe nenhuma.

Agora o ferreiro entra no estágio final da sua tarefa. Ele mergulha o instrumento ainda quente dentro de um tonel de água. Com um sonido e uma movimentação de fumaça, o metal imediatamente começa a endurecer. O calor se rende ao ataque furioso da água fria e o mineral maleável e mole se torna uma ferramenta útil e inflexível.

"Talvez você já tenha passado por algum momento de tristeza, e por todos os tipos de provações. Elas vieram para que a sua fé – que tem mais valor do que o ouro, que perece ainda que refinado pelo fogo – seja provada genuinamente e resulte em louvor, glória e honra quando Jesus Cristo for revelado" (I Pedro 1.6-7).

Descreva suas próprias experiências com o sofrimento ou momentos difíceis. O que você aprendeu com essas experiências?

O sofrimento afetou sua fé? Em que sentido?

15
HORA DA BIGORNA

Na bigorna de Deus. Talvez você já tenha estado lá.
Derretido. Sem forma. Desfeito. Colocado na bigorna para... ser refeito? Um pouco de dureza encerra muitas coisas. Disciplina? (Disciplinas de um bom pai.) Testes? (Mas por que tão duros?).
Eu sei. Eu passei por isso. É desagradável. É uma queda espiritual, é uma penúria. O fogo se apaga. Embora o fogo talvez queime por um momento, mas logo desaparece. É uma inclinação decrescente. Decrescente para dentro de um nublado vale de perguntas, a planície do desencorajamento. A motivação se enfraquece. O desejo se distancia. As responsabilidades são deprimidas.
Paixão? Escorrega-se porta afora.
Entusiasmo? Você está brincando?
Em tempos de provações.
Ela pode ser causada por uma morte, o fim de um relacionamento, uma falência ou um desânimo para orar. A luz é apagada e o quarto se torna em trevas. "Todas as zelosas palavras de ajuda e esperança foram gentilmente ditas. Mas ainda estou machucado, pensativo..."
Na bigorna.

Levado a ficar face a face com Deus, fora da total compreensão de que não temos nenhum outro lugar para ir. Jesus no jardim. Pedro com um rosto coberto por lágrimas. Davi atrás de Bate-Seba. Elias e a voz pequena e calma. Paulo, cego em Damasco.

Bate, bate, bate.

Eu espero que você não esteja passando por um tempo de provação. (A menos que esteja precisando de um, e se estiver precisando, então espero que você passe.) Tempos de provações não são para serem desprezados; eles são para serem experimentados. Embora o túnel seja escuro, ele vai através da montanha. Tempos de provações nos fazem lembrar de quem somos e de quem Deus é. Não deveríamos tentar escapar deles. Escapar desses momentos pode significar escapar de Deus.

Deus vê as nossas vidas do começo ao fim. Talvez ele nos faça passar por uma tempestade aos 30 anos de idade para que possamos suportar um furacão aos 60. Um instrumento é útil somente se ele estiver na forma certa. Um machado sem corte ou uma chave de fenda torta precisa de atenção, e nós também. Um bom ferreiro mantém as suas ferramentas em boa forma. E Deus faz o mesmo.

Se Deus colocá-lo em provação, seja grato a ele por isso. Isso significa que ele pensa que você ainda pode ser melhorado.

Este é o tempo de você ser forjado? Como é isso?

O que você espera enquanto está sendo moldado novamente?

Deus deixou uma impressão em sua vida? O que isso significa para você?

16
PEGADAS DE SATANÁS

Aproximou-se dele, e um leproso rogando-lhe
de joelhos: Se quiseres, pode purificar-me. Jesus,
profundamente compadecido, estendeu a mão,
tocou-o, e disse-lhe: Quero, sê limpo!
(MARCOS 1.40-41).

Numa noite da semana passada, era muito tarde e eu estava num quarto de emergência.

Vítimas de Satanás enchiam os corredores.
  Uma criança – inchada e com olhos intumescidos – havia apanhado de seu pai.
  Uma mulher – com hematomas nas bochechas, e o nariz ensanguentado. "Meu namorado se embebedou e me bateu", disse ela, aos prantos.
  Um senhor idoso – inconsciente e bêbado numa maca – botou sangue pela boca durante o sono.

Jesus também viu as vítimas de Satanás.
  Um dia ele viu um leproso... com os dedos retorcidos... com a pele cheia de úlceras... e o rosto desfigurado.
E ele ficou indignado... com raiva.
  Não com uma raiva egoísta ou violenta.

*Uma raiva santa...
uma frustração controlada...
um desgosto cheio de compaixão.
E isso o incomodou. E fez com que tomasse uma atitude.*

*Estou convencido de que o mesmo Satanás ataca hoje em dia,
    causando a fome na Somália...
    a confusão no Oriente Médio...
    o exibicionismo nas telas do cinema...
    a apatia na igreja de Cristo.*

E Satanás se diverte entre os que estão morrendo.

*Querido Pai,
    Talvez nunca sejamos tão "santos", talvez nunca sejamos tão "maduros", talvez s nunca sejamos tão "religiosos" a ponto de sermos capazes de enxergar as pisadas de Satanás e permanecermos calmos.*

Em sua opinião, o que significam "as pegadas de Satanás"?

Algo leva você, como levou Jesus, ao tipo de indignação descrito aqui?

Você está disposto a se esforçar para alcançar alguém que precisa de seu toque? Quem poderia ser essa pessoa?

17
PROVAÇÃO-EXPLOSÃO, PROVAÇÃO-EXPLOSÃO

Quando um oleiro prepara um vaso, ele analisa a sua solidez colocando-o para fora do forno e dando uma batida nele. Se o mesmo emitir um zunido, é porque está pronto. Se o som for abafado, então o vaso é levado de volta ao forno.

O caráter de uma pessoa também é analisado por uma batida (ou provação).

Você foi provado recentemente? Ligações tarde da noite. Um professor aborrecido. Mães irritadas. Refeições queimadas. Pneus murchos. E todas as pressões pelo cumprimento de prazos. Essas são provações. Provações são aquelas inconveniências irritantes que provocam o pior em nós. Elas nos pegam de surpresa. Desprevenidos. Elas não são grandes o suficiente para serem consideradas crises, mas se você sugar o suficiente delas pode ter problemas, então fique de olho.

Congestionamentos. Filas longas. Caixas de correio vazias. Roupas sujas no chão. Mesmo no momento em que estou escrevendo isto, estou sendo provado. Por causa de interrupções, levei quase duas horas para escrever estes dois parágrafos.

Você foi provado recentemente?

Como respondo a elas? Eu canto? Eu golpeio?

Jesus disse que a boca do Homem fala do que está cheio o seu coração (Lucas 6.45). Não existe nada como uma boa provação para revelar a natureza do coração. O caráter verdadeiro de uma pessoa é visto não em momentos heroicos, mas nos momentos de provações monótonas que existem no nosso dia a dia.

Se você tem uma maior tendência a explodir do que a cantar, então use o coração.

Existe esperança para todos nós que "explodimos".

1. Comece agradecendo a Deus pelos golpes da vida. Eu não quero dizer um obrigado vindo da metade do seu coração. Quero dizer um obrigado alegre, pular de alegria, um obrigado do fundo do seu coração (Tiago 1.2). As chances existem porque Deus está permitindo as provações. Ele está fazendo isso para o seu bem. Pois cada provação é uma lembrança de que Deus está te moldando (Hebreus 12.5-8).

2. Aprenda com cada provação. Encare o fato de que você não é "à prova de provações". Você será testado de agora em diante. Você talvez aprenderá com as provações – você não pode evitá-las. Olhe para cada inconveniência como uma oportunidade para desenvolver paciência e persistência. Cada provação o ajudará ou o machucará, dependendo de como você usá-la.

3. Fique atento para os "momentos de fracassos". Conheça os seus períodos de pressão. Para mim, as segundas-feiras são vis por causarem tantos momentos de fracassos. As sextas podem ser tão vis quanto as segundas. Para todos nós, durante a

semana, existem momentos quando podemos antecipar uma quantidade incomum de provações. E qual é a melhor maneira de lidar com elas? Encare-as. Encoraje-se com orações extras e não desista.

Lembre-se, é desastroso não ter provações. Todas elas acontecem para o nosso bem se estivermos amando e obedecendo a Deus.

Você tem sentido o golpe do Oleiro divino ultimamente? Por que você acha que ele talvez o esteja provando?

Se já faz tempo que você levou esse golpe, por que você acha que o levou? Você descreveria sua atitude espiritual como cânticos ou gritos?

18
QUEM EMPURRA O SEU BALANÇO?

As crianças adoram brincar no balanço. Não existe nada igual.

Impulsionar os seus pés em direção ao céu, deitando-se para trás de maneira que tudo parece estar de ponta-cabeça. As árvores girando, o estômago que vem parar na sua garganta... Ah, balançar...

Aprendi muito a respeito de como confiar num balanço. Quando eu era criança, confiava em poucas pessoas para empurrar o meu balanço. Se eu era empurrado por pessoas em quem eu confiava (como, por exemplo, o meu pai ou a minha mãe), eles poderiam então fazer qualquer coisa que quisessem. Poderiam me girar, me virar, me parar... Eu amava isso! Eu amava porque confiava na pessoa que estava me empurrando. Mas se um estranho empurrasse o meu balanço (o que normalmente acontecia nas reuniões de família e nos piqueniques de Quatro de Julho), e falasse: "Segura, querido!", quem é que sabia o que esse estranho faria? Quando um estranho empurra o seu balanço, você fica tenso, se embaralha todo e segura firme.

Não é divertido quando o seu balanço está nas mãos de alguém que você não confia.

Lembra-se de quando Jesus acalmou a tempestade em Mateus 8? A tempestade não era uma simples chuva de primavera. Esta era A Tempestade. Mateus chama a tempestade de seismos, que é a palavra grega para "terremoto". As ondas desse terremoto eram tão grandes que o barco ficava escondido. O mar da Galileia pode gerar uma tempestade violenta. O escritor Barclay disse que "no lado leste da água existem morros com vales e erosões e, quando um vento gelado vem do leste, esses vales e erosões agem como funis gigantes. O vento se torna comprimido dentro deles e corre sobre o lago com uma violência selvagem".

Não, Senhor, esta não era uma chuva de primavera. Era uma tempestade esplêndida. Era assustadora o suficiente para espantar uma dúzia de discípulos. Mesmo pescadores veteranos como Pedro sabiam que aquela poderia ser a última de suas vidas. Sendo assim, com o medo e a água diante das suas faces, eles correram para acordar Jesus.

Eles correram para fazer o quê? Jesus estava dormindo? As ondas arremessavam o barco como pipocas em uma panela, e Jesus estava dormindo? As águas estavam enchendo o convés e ensopando os pescadores, e Jesus estava na terra dos sonhos? Como ele poderia dormir durante uma tempestade?

É muito simples. Ele sabia quem estava empurrando o balanço.

Os joelhos dos discípulos estavam tremendo porque os seus balanços estavam sendo empurrados por um estranho. Mas com Jesus era diferente. Ele pôde achar paz na tempestade.
Nós vivemos num mundo cheio de tempestades. No momento desta escrita, guerras acontecem em ambos os hemisférios do nosso Globo. O conflito mundial está ameaçando toda a humanidade. Trabalhos estão se tornando escassos. O dinheiro continua desaparecendo. Famílias estão sendo destruídas.

Para todos os lugares que olho, estão acontecendo tempestades particulares. Mortes familiares, casamentos quebrados, corações machucados, noites solitárias. Nós devemos nos lembrar de quem está empurrando o balanço. Devemos colocar a nossa confiança nele. Não podemos crescer cheios de medo. Ele não permitirá que caiamos.

Quem empurra o seu balanço? Nas mãos certas, você pode encontrar paz... ainda que na tempestade.

Você está balançando livremente ou está no meio de uma tempestade?

Você se vê aprendendo a confiar mais em Deus em ambas as circunstâncias?

Você realmente acredita que Deus esteja fazendo você balançar? Por quê?

19
ALMOÇO COM JUAN

Numa sexta-feira, dia 7 de maio, minha agenda mostrava: *Almoço com Juan*. O almoço nunca aconteceu. Juan se matou na quinta-feira, dia 6 de maio.

Três semanas antes disso, Juan tinha ficado uma semana em nossa casa. Ele fora deixado por uma garota. Duramente abandonado por ela. Eu o vi várias vezes segurando uma foto dos dois juntos, tirada numa noite de Ano-Novo. Ela estava com um vestido de noite e ele de smoking. "Amigo, essa era a vida nos grandes tempos", ele disse ardente e tristemente.

Ele tentou se suicidar por duas outras vezes antes dessa, mas falhou. No entanto, dessa vez ele não falhara. O que leva uma pessoa a fazer isso? Realmente não entendo. O que finalmente o fez ter coragem para fazer isso? Juan respirou no escapamento do próprio carro.

Dois dias antes eu o havia encontrado na sorveteria Swenson.

Ele estava com alguns amigos. Nós rimos um pouco.

Ele parecia estar bem. (Onde é que aprendemos que a dor é algo que temos que esconder?).

Que tipo de emoções eu sinto? Confusão.

O véu negro da morte cai ferozmente. Por quê?

Como é horrível ser governado por leis que não entendemos.

Culpa. Você vê, nós havíamos combinado um almoço para o dia 6 de Maio, mas transferi para o dia 7. Não posso fazer nada, mas eu penso, "E se eu não tivesse cancelado?" Mas a culpa passará. Conheço bem os meus erros. A falta de habilidade para perdoar a si mesmo é suicida em si mesmo.

Claridade. Como a morte clareia o nevoeiro! A partida abrupta da vida me lembra completamente o porquê de estarmos aqui. A morte faz com que todas as outras preocupações da vida caiam por terra, deixando esta prioridade no topo: Jesus Cristo ressuscitou da morte e Deus perdoou todas as minhas transgressões. Quando tudo o que temos para encarar é a morte e tudo o que temos para lembrar são as memórias, a vitória de Jesus e o perdão de Deus serão as únicas coisas que realmente importam.

Por que estou escrevendo isso? Isso me conforta, por um lado. Por outro, quero que você saiba quão terrivelmente vital é cada pessoa no mundo. Eu amei Juan. De uma maneira bem pequena, este é um tributo a ele. Ele foi uma vítima do desespero. Ele quis uma vida que não podia ter. Ele teve uma vida que não pôde suportar.

Juan foi pego numa competição barulhenta, em que de um lado estava o mundo e do outro um punhado de todos nós. "A vida não vale a pena!", gritou o mundo. "Sim, ela vale!", gritamos nós. "Não, ela não vale!", "Sim, ela vale!". E lá estava Juan, bem no meio, surpreendido e confuso. Ele olhou para nós – e então para o mundo. Um cachorrinho entre dois mestres. Finalmente, o nosso grito foi sufocado. "Você está certo, a vida não vale a pena!" Ele se desesperou e pulou.

Mas não podemos parar de gritar. Muitos talvez nos ignorem, mas muitos nos ouvirão. E se tão somente um nos ouvir, não terá valido a pena?

Você conhece alguém cujas palavras ou ações revelam um senso de desespero? O que você poderia fazer para oferecer esperança?

Você se vê entre dois senhores em algum aspecto da vida? Quais são eles – e à qual senhor você deseja servir?

20
A VIDA CONFORME A SALA DA IMPRENSA

Fez sentido para mim – depois de alguém me explicar – o porquê de o treinador de futebol (americano) de nossa escola sempre desaparecer no meio do terceiro tempo. Eu me lembro que durante o meu primeiro jogo no esquadrão do colégio, dei uma olhada da linha lateral da quadra (onde eu gastava a maior parte do meu tempo) e me dei conta de que ele não estava lá. (Estava tudo muito mais quieto). Eu não consegui entender o que tinha acontecido. Eu temi que o outro time o houvesse sequestrado. Ou talvez ele tivesse passado mal por causa do fumo que mastigava. Então perguntei a um dos "bandeirinhas seniores". (Eles sabem tudo.).

– Onde está o treinador? – Perguntei, pensando que eu fosse o único a notar a falta dele, o que me fez sentir importante.

– Na sala da imprensa – respondeu ele.

– Pegando um café?

– Não, assistindo em perspectiva.

Agora isso faz sentido, não faz? Não existe a menor chance de um treinador manter-se concentrado num jogo permanecendo sentado no banco dos jogadores. Todo mundo dando sugestões. Familiares reclamando. Jogadores gritando. Líderes de torcidas agitando a plateia. Às vezes você tem que se manter afastado do jogo para vê-lo melhor.

Ocasionalmente precisamos tentar fazer isso com nós mesmos. Quão importante é que nos belisquemos de vez em quando para sentir que estamos vivos. Quão críticos são aqueles momentos de análise e avaliação pessoal. Contudo, é difícil avaliarmos a nós mesmos enquanto estamos no meio do jogo: processando relatórios, telefones tocando, crianças chorando.

Eu tenho uma sugestão. Gaste algum tempo na sua "sala da imprensa". Gaste algum tempo (pelo menos meio dia) e fique longe de tudo e de todos.

Pegue a sua Bíblia e um caderno de anotações e faça uma avaliação de sua vida. Você está sintonizado com Deus da maneira que você precisa estar? Como está o seu relacionamento com o seu parceiro (a) e com as crianças? E quanto aos seus objetivos de vida? Talvez algumas decisões precisam ser tomadas. Gaste mais tempo com a oração. Medite na palavra de Deus. Fique quieto. Jejue por um dia.

Agora, não estou falando para você tirar um dia todo para fazer compras, jogar tênis e relaxar ao sol (embora essas coisas também sejam necessárias). Estou sugerindo um dia intenso, à procura da sua alma, gasto em reverência diante de Deus, em cândida honestidade consigo mesmo. Escreva num papel a história de sua vida. Releia a história de Deus. Comprometa novamente o seu coração com o seu Criador.

Devo mencionar que um dia como esse não acontecerá por si só. Ele tem que ser programado. Você nunca acordará e se dará conta de que tem um dia todo livre em suas mãos (esses dias se foram junto com a sua adolescência.). Você terá que escolher um dia do calendário, esquematizar um horário e fazê-lo. Seja resoluto com isso. Você precisa do tempo. A sua família precisa que você tenha esse tempo.

Considerar alguma perspectiva na sala da imprensa pode mudar todo o jogo.

Que áreas de sua vida requerem sua atenção direta ou clareza de julgamento?

Em seus momentos silenciosos com Deus, que verdades lhe foram reveladas?

21
O VALOR DE UM RELACIONAMENTO

Eu costumava visitar George todas as quintas-feiras quando eu vivia em Miami. Na época, eu não tinha certeza do que me mantinha a visitar aquele seu trailer pequeno e bolorento. Mas olhando para trás, acho que agora sei.

George tinha uma aparência incomum: uma venda colocada sobre um olho ("Eu o perdi na guerra") e nenhum cabelo em sua cabeça. Era canadense em sua essência e sempre mantinha a bandeira do Canadá na frente do seu trailer. Apesar de ter mais de 60 anos, ele nadava e jogava golfe diariamente e dançava todas as noites. A sua voz ecoava como um canhão quando ele falava, e andava com tal petulância como um elefante numa loja de louças.

Mas tinha algo muito mais profundo sobre George que me fazia querer visitá-lo. Num dia de verão, eu me dei conta do que era.

Era uma tarde quente em Miami quando bati na sua porta. Ele me convidou a entrar com o seu costumeiro "Olá, Max! Entre aqui!" (Ele dava para cada visitante um copo de limonada e um pouco de pipoca preparada com uma receita secreta.) Eu entrei no trailer.

— Há uma pessoa que quero que você conheça — continuou George com a sua canadense voz nasalada. — Meu amigo, Ralph.

Eu olhei para o canto. Os meus olhos ainda estavam se adaptando à diferença entre o sol fora do trailer e a vaga luz dentro dele. Quando a minha visão melhorou, eu pude ver Ralph — e não estava certo sobre o que pensar. Ele tinha uma certa selvajaria: tinha cabelos não cuidados até a altura dos ombros, uma barba não cuidada e até a altura do peito. Ele tinha pelo menos a mesma idade de George, talvez mais velho. Aparentemente, Ralph também não sabia o que pensar de mim. Os seus olhos penetrantes me fixaram por debaixo do seu cabelo grisalho.

As palmas das minhas mãos começaram a suar. George interrompeu o silêncio. — Sente-se, Max. Eu tenho algo para lhe mostrar.

Sentei-me ao lado da mesa enquanto George correu para o lado de Ralph, transversalmente a mim.

— A minha mais valiosa posse está exatamente aqui.

Olhei para as suas mãos e então ao redor do trailer.

— Onde, George?

— Exatamente aqui! George colocou o seu grande braço ao redor dos ombros ossudos de Ralph. — A minha posse mais valiosa é o meu amigo Ralph.

Novas rugas apareceram no rosto de Ralph, que se abriu num sorriso desdentado. Velhos amigos: George e Ralph. Dois ríspidos velhos viajantes na curva traseira do ciclo da vida. Eles haviam encontrado o elemento mais precioso da vida — um relacionamento. Relacionamentos. O recurso mais precioso da América. Tirem o nosso petróleo, tirem as nossas armas, mas não tirem o que nos mantêm juntos — relacionamentos. A força de uma nação é medida pela importância que ela dá ao seu próprio povo. Quando pessoas valorizam pessoas uma teia impenetrável é desenhada, uma teia de vitalidade e segurança.

Um relacionamento. A fusão delicada de dois seres humanos. A combinação complexa de duas vidas; dois conjuntos de humores, mentalidades e temperamentos. Dois corações mesclados, ambos procurando consolo e segurança.

Um relacionamento. Ele tem mais poder do que qualquer bomba nuclear e mais potencial do que qualquer semente promissora. Nada levará um homem a uma coragem maior do que um relacionamento.

Nada resultará em uma maior devoção do que um relacionamento. Nada queimará o coração de um patriota ou purificará o cinismo de um rebelde como um relacionamento.

Ah, mas George disse melhor. "Minha posse mais valiosa é o meu amigo."

O que mais importa na vida não são as escadas que subimos ou os pertences que acumulamos. O que mais importa são os relacionamentos.

Que atitudes você está tomando para proteger as suas "posses"? Que medidas você está tomando para assegurar que os seus relacionamentos estejam fortes e saudáveis? O que você está fazendo para solidificar as pontes entre você e aqueles do seu mundo?

Você resolve conflitos assim que possível, ou você permite que o Sol se ponha quando você ainda está bravo? Você verbaliza o seu amor para o (a) seu (sua) companheiro (a) e para os seus filhos todos os dias? Você procura por chances para perdoar? Você ora diariamente por aqueles que fazem parte da sua vida? Você considera a vida dos membros da sua família e a dos seus amigos mais importante do que a sua?

O nosso mestre conhecia o valor de um relacionamento. Foi por intermédio de relacionamentos que ele mudou o mundo. O seu movimento floresceu não em personalidade ou poder, mas na defesa do valor de uma pessoa. Ele construiu pontes e as atravessou. Tocando o leproso... Unindo os estranhos... E exaltando a prostituta. E o que foi que ele disse sobre amar o seu próximo como a ti mesmo?

É um homem sábio que valoriza pessoas mais do que posses. Muitos homens ricos morreram pobres porque deram suas vidas para coisas e não para pessoas. E muitos pobres deixaram esta terra em contentamento porque amaram os seus próximos.

"A minha posse mais valiosa é o meu amigo."

Que áreas de sua vida requerem sua atenção direta ou clareza de julgamento?

Em seus momentos silenciosos com Deus, que verdades lhe foram reveladas?

O que você tem de mais valor?

Como você descreveria seus relacionamentos?

Descreva seu relacionamento mais importante – o que você tem com Deus.

22
SEM CORTINA!

Um evento anual sempre reuniu uma multidão. O sacerdote subiria os degraus da escada da igreja solenemente, suportando o sangue do sacrifício. Como as pessoas esperavam do lado de fora, ele passaria pela grande cortina e entraria no lugar Santo dos Santos. Ele aspergiria o assento da misericórdia sobre a arca e oraria para que o sangue pudesse agradar a Deus. Os pecados seriam purificados. E o povo poderia suspirar de alívio.

Uma grande cortina era pendurada como lembrança da distância entre Deus e o homem. Era como se fosse um profundo abismo que ninguém pudesse atravessar. O homem na sua ilha... em quarentena por causa do pecado.

Deus poderia ter deixado isso do jeito que estava. Ele poderia ter deixado as pessoas isoladas. Poderia ter lavado as suas mãos para se limpar de toda essa sujeira. Poderia ter dado as costas, arremessado a toalha e começado tudo de novo em outro planeta. Você sabe que ele poderia ter feito isso.

Mas ele não o fez.

Deus mesmo atravessou a ponte do abismo. Nas trevas de um eclipse do Sol, ele e o cordeiro entraram no Santo dos Santos. Ele colocou o cordeiro sobre o altar. Não o cordeiro de um sacerdote, ou de um judeu, ou de um pastor, mas o Cordeiro de Deus. Os anjos silenciaram quando o sangue do Sacrifício Suficiente começou a escorrer sobre o altar dourado. Onde havia sido derramado o sangue do cordeiro, agora se derramava o sangue da vida.

"Veja o Cordeiro de Deus."

Então foi isso que aconteceu. Deus se virou e olhou pela última vez para a cortina.

"Já chega." E a cortina se rasgou de cima a baixo. Foi cortada em dois pedaços.

"Já chega!"

"Sem cortina!"

"Não mais sacrifícios!"

"Não mais separação!"

E o Sol apareceu.

De algum modo você ainda está vivendo distante de Deus?

Qual é sua atitude em relação ao pecado? Você acha que tem de acalmar Deus? Você acha que consegue?

Você não reconhece o sacrifício do Cordeiro?

23
VOCÊ VIU JESUS?

Uma das cenas mais dramáticas contidas no Novo Testamento ocorreu numa cidade conhecida como Cesareia de Filipe. Seria muito difícil encontrar uma cidade com um significado religioso maior do que esta.

Pelo menos quatorze templos foram feitos a Baal ao redor da comunidade. Os gregos nomearam Cesareia de Filipe como a casa do grande deus Pan, o deus da natureza. Os judeus apontaram a área ao redor de Cesareia de Filipe como sendo a fonte do rio Jordão; o significado do rio Jordão para os judeus era imensurável. O poder de Roma era glorificado no esplendor do templo de mármore levantado para honrar César. Em Cesareia de Filipe, os romanos celebraram César como sendo divino e Roma como sendo santa.

Ela deve ter sido aquela cidade... Toda nação e religião significativa daquele tempo eram vistas ali: os sírios, os judeus, os gregos, os romanos. Nenhuma metrópole moderna pode ser comparada a Cesareia de Filipe.

Sem dúvida, havia uma beleza impressionante. No meio desse carnaval de colunas de mármore e ídolos dourados, um nazareno sem dinheiro, sem casa, sem nome, pergunta a seus seguidores: "Quem diz ao povo ser o filho do Homem?" (Mateus 16.13)

A imensidade dessa pergunta é surpreendente. Eu imagino que a resposta de Pedro não tenha vindo sem uma certa hesitação. Esquivando-se. Com uma silenciosa ansiedade. Que absurdo seria este homem ser o filho de Deus. Sem trombetas. Sem um manto roxo. Sem um exército. E, sem dúvidas, havia um brilho de determinação em seus olhos e uma ponta de incerteza em sua mensagem.

A resposta de Pedro quebrou o silêncio. "Tu és o Cristo, o Filho do Deus vivo (Mateus 16.16).

Muitos já olharam para Jesus, mas poucos o viram. Muitos já viram a sua sombra, o seu povo, a sua história. Mas poucos o viram. Somente alguns olharam através da nuvem da religiosidade e o acharam. Somente alguns ousaram ficar face a face com Jesus e dizer de coração para coração, "Eu creio que Tu és o filho de Deus."

O que você vê quando pensa em Jesus de Nazaré? Em que você acredita com relação às declarações que ele fez?

O que sua vida diz sobre aquilo em que você crê?

Se você não tem tido um encontro com Jesus como este ultimamente, você acha que tem lhe dado um lugar importante em sua vida?

24
UM BOM CORAÇÃO, MAS. . .

Cena – (Culto de domingo de manhã; oração silenciosa)

Max: Deus, eu quero fazer grandes coisas.

Deus: Você quer?

Max: Pode acreditar! Eu quero ensinar milhões! Eu quero encher o Vaso de Rosas! Quero que todo o mundo conheça o seu poder de salvação! Eu sonho com este dia...

Deus: Muito bom, Max. Na verdade, posso usá-lo hoje depois do culto.

Max: Excelente! Quem sabe algum trabalho na TV ou no rádio ou... ou... ou uma oportunidade para falar em um congresso?

Deus: Bem, não é exatamente o que eu tinha em mente. Você vê aquele homem que está sentado próximo a você?

Max: Sim.

Deus: Ele precisa de uma carona para casa.

Max (silenciosamente): O quê?

Deus: Ele precisa de uma carona para casa. E enquanto você está aí, uma das senhoras mais idosas que estão sentadas ao seu lado está preocupada em como mover um refrigerador de lugar. Por que você não dá uma passada na casa dela esta tarde e...

Max (suplicando): Mas, Deus, e o mundo?

Deus (sorrindo): Pense sobre isso.

Você já quis fazer algo importante para Deus?

Você está disposto a obedecer a Deus nas pequenas coisas?

Quais são suas oportunidades de servir a Deus hoje?

25
O ANDARILHO

Numa campina improdutiva, o andarilho se agacha e se encolhe. O frio boreal movimenta-se sobre ele, machucando o seu rosto e deixando seus dedos dormentes. O assobio do vento é ensurdecedor. O andarilho coloca seus joelhos junto ao seu peito, ansiando por calor.

Ele não se move. O céu está alaranjado de tanta poeira. Seus dentes estão cheios de grãos de poeira e seus olhos cobertos de fuligem. Ele pensa em desistir. Está indo para casa. Casa nas montanhas.

"Ahh! As montanhas." O espírito que o moveu para as montanhas parece estar tão distante. Por um momento a sua mente vagueia pela sua terra natal. País verde. Trilhas nas montanhas. Água fresca. Andarilhos andando em trilhas bem marcadas. Sem surpresas, poucos medos, ricos companheirismos.

Um dia, enquanto ele fazia uma caminhada refrescante, parou nas montanhas para dar uma olhada no deserto da redondeza. Ele se sentiu estranhamente atraído pela extensa aridez que estava diante dele. No dia seguinte, parou novamente. E no próximo dia, e no próximo. "Alguém não deveria ir lá? Alguém não deveria tentar levar vida para o deserto?"

Vagarosamente, a palpitação do seu coração se tornou uma chama.

Muitos concordaram que alguém deveria ir, mas ninguém se fez voluntário.

Terras desconhecidas, tempestades assustadoras, solidão.

Mas o andarilho, impulsionado pelo entusiasmo de outros, estava determinado a ir. Após uma preparação cuidadosa, partiu sozinho. Com o aplauso dos seus amigos atrás dele, ele desceu as montanhas gramadas e entrou no deserto desolado.

Nos primeiros dias, seus passos eram largos e seus olhos, penetrantes. Ele ansiou por fazer a sua parte, em trazer vida ao deserto. Então veio o calor. Os escorpiões. A monotonia. As serpentes. Vagarosamente, o fogo diminuiu. E agora... a tempestade. O rugido infinito do vento. O implacável e maldito frio.

"Eu não sei mais quanto tempo eu posso aguentar." Cansado e açoitado, o andarilho pensa em voltar. "Pelo menos cheguei até aqui." "Joelhos flexionados, cabeça baixa, quase tocando o chão." "Será que isso vai acabar"?

Ele ri pela ironia da situação. "Algum andarilho... muito cansado para continuar, e também muito envergonhado para voltar para casa." O empenho é profundo, muito profundo. Ele não pode mais ouvir a voz dos amigos. O romance pela sua missão se foi há muito tempo. Ele perdeu a euforia pela fantasia de sonhar.

"Talvez outra pessoa devesse fazer isso. Eu sou muito jovem, muito inexperiente." Os ventos do desencorajamento e do medo sopraram sobre o seu fogo, apagando as chamas que haviam sobrado. Mas sobraram os carvões escondidos e quentes.

O andarilho, agora quase uma vítima da tempestade, olha

para o fogo pela última vez. (Existe um desafio maior do que o de animar um espírito quando ele está sob o poder de uma derrota?) Desejando e vencendo com garra, a tentação de desistir é gradualmente dominada pelo desejo de vencer. Ao assoprar os carvões, o andarilho novamente ouve o chamado para o deserto. Apesar de inerte, o chamado é claro.

Com toda a força que ele pôde juntar, o andarilho se coloca nos pés, levanta a sua cabeça e dá o primeiro passo em direção ao vento.

Você está seguindo o caminho que foi chamado a trilhar?

Diante da tentação de desistir, você questiona o chamado? Você ainda o ouve? O chamado mudou?

Você pediu a Deus para renovar seu senso de propósito recentemente? O que Deus está lhe pedindo para fazer?

26
O DIA EM QUE MEU PRATO SE QUEBROU

Já passava da meia-noite em Dalton, Geórgia, quando eu entrei numa cabine telefônica, meio escura, para fazer uma ligação para a minha família. Meu primeiro trabalho de verão não estava produzindo como deveria. O trabalho era pesado. Meus dois melhores amigos haviam pedido demissão e retornado para o Texas, e eu estava dormindo em beliches no Exército da Salvação até que pudesse achar um apartamento.

Para um grande e forte rapaz de 19 anos de idade, eu com certeza me senti bem pequeno.

As vozes da minha mãe e do meu pai nunca pareceram tão doces. E embora eu tentasse esconder, a minha solidão era óbvia. Eu havia prometido aos meus pais que, se eles me deixassem ir, eu aguentaria por todo o verão. Mas agora aqueles três meses pareciam uma eternidade.

Após ter explicado a minha situação, eu poderia dizer que a minha mãe queria que eu voltasse para casa. Mas quando ela começou a dizer, "Porque você não volta...", meu pai, que estava na extensão, a interrompeu. "Nós adoraríamos se você voltasse, mas nós já quebramos o seu prato". (Esta era uma frase usada no oeste do Texas, que queria dizer "Nós o amamos, Max, mas é hora de crescer").

Precisa ser um pai inteligente para saber quando é a hora de colocar o seu filho fora do ninho. É doloroso, mas tem que ser feito. Serei sempre grato ao meu pai por ter me dado asas para voar e por me fazer usá-las.

Quais são alguns dos "ninhos" em que nos sentimos muito confortáveis?

Você já teve uma experiência positiva como esta "quebra de pratos"?

Precisa de uma agora?

27
COLOCANDO A SUA CRENÇA ONDE O SEU CORAÇÃO ESTÁ

Pegue uma caneta e um papel e fique só. Vá para um lugar quieto, onde você possa pensar. Ache um lugar que lhe ofereça uma hora digna de pensamento sem interrupção. Sente-se. Coloque a caneta em sua mão e – você está pronto? – escreva sobre em que você acredita. Não sobre o quê você pensa, espera, ou especula, mas sobre em que você acredita. Coloque no papel aquelas convicções que podem servir de base para a construção de uma vida, que são dignas da dedicação de uma vida.

Por exemplo, aqui estão algumas convicções nas quais acredito, e que não vendo, não negocio e não nego.

Existe um Deus, em que a preocupação maior é se eu o amo ou não.

Existe uma razão para eu estar vivo.

Dinheiro não é a resposta. Entretanto, a abundância ou a falta de dinheiro não fará com que eu viva de acordo com as suas regras.

Eu nunca morrerei.

A minha família me ama e eu a amo.

Eu viverei para sempre, e o céu está a um simples piscar de olhos.

Eu controlo o meu temperamento... e não vice-versa.

Eu posso mudar o meu mundo.

O elemento mais importante do mundo é o outro ser humano.

Agora, dê uma olhada na sua lista. Analise-a. O que você acha? A sua fundação é sólida o suficiente para você se apoiar? Se não é, seja paciente. Dê a você mesmo algum tempo para crescer.

Não jogue a sua lista fora. Mantenha-a com você. Eu tenho uma tarefa especial para você. Coloque a sua lista num lugar onde poderá sempre vê-la. Na sua carteira, em sua bolsa... em algum lugar conveniente.

Na próxima vez que você for intimidado pelo "Senhor-Sabe-Tudo" ou pela "Senhora-Tem-Tudo", ou na próxima vez que a sua autoimagem sair pela porta, pegue a sua lista e dê uma demorada olhada nela. Algumas das suas inegáveis convicções foram ameaçadas? A sua base foi atacada?

Geralmente não. Aqui está o ponto: se você sabe em quem acredita (quero dizer se você *realmente* sabe); se você sabe o que é importante e o que é trivial, então não se deixará submeter por todos os pigmeus do mundo.

Eu *realmente* creio nisso.

28
UM DIA

Milhares de anos antes de Jesus ter sido chamado de o Cordeiro de Deus, Deus já havia prometido o perdão.

"Um dia", ele prometeu a Oseias, "algum dia eu não me lembrarei mais dos seus pecados".

"Um dia", Deus disse a Jeremias, "este povo será o meu povo e eu serei o seu Deus".

"Um dia", escreveu Davi, "os erros dos homens serão lançados fora, não para baixo de um tapete ou para trás de um sofá, mas para longe, para muito longe. Para tão longe, quanto está o Oriente do Ocidente".

E você quer saber mais? Este dia chegou. Em um amontoado de lixo fora de Jerusalém.

Um dia o Deus Todo-Poderoso, que tem todo o direito de me lançar no fogo para sempre, deixará para trás a minha apatia, a minha comilança, a minha mentira e o meu exibicionismo. Ele apontará para a cruz e me convidará a ir para casa... perdoado... para sempre.

Como você vê seus pecados? Como se eles pudessem ser varridos para debaixo do tapete ou como manchas em seu passado?

Observe as promessas de Deus apresentadas neste capítulo. Em sua opinião, o que elas dizem sobre você e seus pecados?

Para aqueles de nós que já conhecem o perdão dos pecados agora, por meio de Jesus, qual é o significado de "algum dia"?

29
"DEUS, VOCÊ NÃO SE IMPORTA?"

"Mestre, não te importa que morramos?"
(MARCOS 4.38)

Que clamor honesto, um obstinado e doloroso clamor. Eu já fiz essa pergunta antes, e você já a fez? Esse clamor já foi feito centenas de milhares de vezes...

Uma mãe que chora pela perda do seu bebê. Um esposo que é tirado de sua mulher por um trágico acidente. As lágrimas de uma criança de 8 anos de idade que caem sobre o caixão do seu pai. E a pergunta soa.

"Deus, você não se importa?", "Por que eu?", "Por que o meu amigo?", "Por que o meu negócio?".

É a eterna pergunta. A pergunta feita literalmente por todas as pessoas que pisaram este globo. Nunca existiu um presidente, ou um trabalhador, ou um homem de negócios sequer que já não tenha feito essa pergunta. Nunca existiu uma só alma que não tenha lutado com essa pergunta dolorosa. O meu Deus se preocupa? Ou, não será a minha dor um grande erro de Deus?

E uma vez que os ventos bramiam e o mar rugia, os discípulos amedrontados e impacientes falavam sobre o seu medo para o dormente Jesus. "Mestre, não te importas que morramos?" Ele poderia ter continuado a dormir. Ele poderia ter pedido para se calarem. Ele poderia ter se levantado da cama impacientemente e ter ordenado que a tempestade se acalmasse. Ele poderia ter apontado a imaturidade dos discípulos... Mas ele não fez nada disso.

Com toda a paciência que somente alguém que se preocupa pode ter, ele respondeu a pergunta. Ele acalmou a tempestade de maneira que os trêmulos discípulos pudessem ouvir a sua resposta. Jesus deu uma só resposta para todos os dolorosos dilemas do homem: Onde está Deus quando estou machucado?

Escutando e curando. É exatamente onde ele está. Ele se importa.

Você já passou por uma tempestade na vida e pensou que Deus estivesse dormindo ou, no mínimo, olhando para outro lugar. Você está passando por uma agora?

Quando Deus acalma sua tempestade, como você reage?

30
O MACHADO SEM CORTE

Até no momento da cruz, Satanás segurou um machado cruel sobre a cabeça dos homens. Todos temiam o machado da morte. O seu vislumbre sinistro humilhava a todos que o encaravam. Desde o maior até ao menor, todos evitavam o machado. O mistério de Satanás, a lâmina abrupta que privou o homem de viver e o aprisionou no desconhecido.

Por centenas de anos, os homens satisfizeram o machado, evitaram o machado, ignoraram o machado. Mas a sua lâmina afiada fez todo tipo de vítimas, implacavelmente, levando cada um para a tábua de cortar, estendendo sobre a raça humana uma execução da qual ninguém poderia escapar.

Até a cruz. Foi na cruz que o poder do machado foi dissolvido e a sua verdadeira fraqueza foi exposta. Com toda a força que Satanás poderia reunir e com toda a crueldade que poderia usar, ele trouxe o machado sobre o pescoço do filho de Deus. O sopro selvagem cercou toda a floresta da morte e ecoou por todo o universo.

"Eu fiz isso!", disse Satanás. Sua figura rija se contorceu com as gargalhadas. "Eu destruí a vida." O grito triunfante ecoou nas câmaras do inferno. E por um curto e temeroso momento, toda a humanidade ofegou.

Mas a Figura Divina não era para ficar presa. O seu corpo se levantou da morte, a sua cabeça continua intacta, a sua vida resistindo. Jesus fez com que o machado ficasse cego. Jesus zombou da ameaça do carrasco.

Voltando para Satanás, ele propôs a pergunta que cobriu o caminho para a imortalidade. "Onde está, oh morte, a tua vitória? Onde está, oh morte, o teu aguilhão?"

O que é este "machado de morte"? O que isso significa para nós hoje?

A morte ainda pode nos ferir com seu aguilhão? Como?

Como a Cruz desfaz o poder da morte?

31
DIA DE SÃO VALENTIM, 1965

A minha decisão tinha sido tomada durante a semana. Eu não havia dito a ninguém. (Para um garoto de 10 anos de idade, eu mantive um bom segredo.) Acho que eu tomara a decisão na segunda-feira... ou talvez na terça. No entanto, após a decisão ter sido tomada, o domingo demorara uma eternidade para chegar. Mas, finalmente, o domingo chegou. O domingo. O meu domingo. A mamãe não precisou me acordar naquele dia. Acordei antes dela. Isso só aconteceu porque era Dia de São Valentim. Quase não percebi. Eu me lembro que costumava lustrar os meus sapatos de ir à igreja até que eu pudesse ver, neles, o reflexo do meu rosto. Eu precisava usar a mão cheia de gel no meu curto cabelo vermelho, a fim de evitar que ele ficasse espetado. O meu pai ajeitou para mim a gravata. Esfreguei tanto o meu rosto que as minhas sardas quase saíram dele. Dava-me frio na barriga. O culto, no entanto, pareceu acalmar os meus nervos. Cantei mais alto do que nunca havia feito e prestei atenção em cada palavra do sermão. O frio na barriga passou. Não me lembro de ter questionado a minha decisão. Isso parecia tão ób0vio, tão correto.

A canção convidativa tinha só começado quando comecei a andar. Os cinco ou seis passos que eu tinha que dar, eu os dei rapidamente. Tão rápido que ninguém me viu indo para frente, somente aqueles que estavam próximos ao púlpito.

Eu disse ao pregador que queria ser batizado. Com uma fé inocente, que as crianças têm tão facilmente, pedi a Deus que me recebesse. Tinha eu compreendido todas as implicações da minha conversão? Não! Tudo o que eu sabia era que o amor de Jesus esperava por aqueles que respondem a ele, então eu o fiz. Desde aquele dia, o Criador do mundo – o poderoso Deus – tem cuidado de mim como um pai cuida do seu filho; tem me amado de uma maneira que eu nunca mereci, e esteve comigo quando as pessoas me abandonaram.

Esse foi o dia mais lindo da minha vida. "Que maravilhoso Dia de São Valentim!"

Que "história de amor" você tem com Deus? É uma história que você valoriza?

Você já pediu a Deus para assumir o comando de sua vida? Reserve alguns momentos para refletir em sua decisão e em como sua vida mudou desde então.

32
ESGOTOS ABERTOS E PECADOS REPENTINOS

Isso acontece num piscar de olhos. Num certo minuto você está andando e assobiando e no outro você está de olhos arregalados e caindo. Satanás empurra de volta a tampa do esgoto e o passeio de uma tarde inocente se transforma numa história de terror. Sem nenhum auxílio você cai consciente da queda, mas incapacitado de ganhar controle novamente. Você bate no fundo e olha vagamente dentro da escuridão. Você inala o mau cheiro do Mal e senta-se no esgoto de Satanás até que ele lhe cuspa para fora e você aterrissa – confuso e traumatizado –na calçada.

Este é o exemplo do pecado repentino. Você pode se relacionar com isso? Muito poucos pecados podem ser premeditados e planejados. Muito poucos de nós seriam qualificados para o time de estratégia de Satanás. Passamos a maior parte do tempo evitando o pecado, e não o planejando. Mas não pense sequer por um minuto que você não vai pecar, simplesmente porque não quer pecar. Satanás tem uma emboscada especial para você, e ele só a usa quando você não está olhando.

Esse amarelado e barrigudo pai da mentira não se incomoda em conhecê-lo face a face. Não senhor! Não espere que esse demônio dos demônios o desafie para um duelo. Não, essa serpente. Ele não tem a integridade de pedir para você se virar e colocar as mangas para cima. Ele joga sujo.

Ele é o mestre do alçapão e o autor dos momentos de fraqueza. Ele aguarda até o momento em que você se encontre de costas. Ele espera até que a sua resistência esteja baixa. Espera até o momento em que o sino tenha tocado e você esteja voltando para o seu lugar. Então ele lança o seu dardo ao seu ponto fraco e...

Olhos de Lince! Você perde o equilíbrio. Entrega-se à concupiscência. Você cai. Você dá uma tragada. Você compra uma bebida. Você beija uma mulher. Você segue a multidão. Você raciocina. Você diz sim. Você assina o seu nome. Você se esquece de quem você é. Você caminha para o quarto dela. Você olha pela janela. Você quebra a sua promessa. Você compra aquela revista. Você mente. Você deseja. Você bate o pé e decide o seu caminho.

Você nega o seu Mestre.

É Davi despindo Bate-Seba. É Adão aceitando a fruta de Eva. É Abraão mentindo sobre Sara. É Pedro negando que ele conhecia Jesus. É Noé, bêbado e nu na sua tenda. É Ló, na cama com suas próprias filhas. É o seu pior pesadelo. É repentino. É pecado.

Satanás entorpece a nossa consciência e os curtos-circuitos do nosso controle próprio. Sabemos o que estamos fazendo e não podemos acreditar de maneira nenhuma que estamos fazendo isso. No nevoeiro da fraqueza, nós queremos parar, mas não temos força para fazer isso. Queremos dar a volta, mas nossos pés não se movem. Queremos correr, e, lamentavelmente, também queremos ficar.

É o casal adolescente no banco de trás. É o alcoólatra comprando "só uma". É o chefe tocando a mão da sua secretária. O marido indo à loja pornográfica. A mãe perdendo o equilíbrio. O pai batendo no seu filho. O jogador perdendo seu dinheiro. O cristão perdendo o controle. E é Satanás ganhando base para as suas operações.

Confusão. Culpa. Racionalização. Desespero. Tudo isso vem à tona. E nos machuca profundamente. Entorpecidos, nos colocamos de pé e, cambaleando, voltamos para o nosso mundo. "Oh, Deus, o que eu fiz"? "Eu deveria contar para alguém"? "Eu nunca farei isso novamente". "Meu Deus, o Senhor pode me perdoar?"

Ninguém que esteja lendo este livro está livre de ser traído pelo repentino pecado. Ninguém está imune a esse engano de perdição.

Esse demônio do inferno pode escalar a mais alta parede de um monastério, penetrar na fé mais profunda e profanar o mais puro lar.

Alguns de vocês sabem exatamente o que quero dizer. Você poderia entender essas palavras melhor do que eu, não poderia? Alguns de vocês, como eu, já caíram tantas vezes que o mau cheiro do suspiro de Satanás está longe de ser novidade. Você já pediu o perdão de Deus tantas vezes, que você se preocupa com a possibilidade do poço de misericórdia possa secar.

Você quer melhorar um pouco a sua defesa? Precisa de ajuda para reforçar o seu armamento? Você já caiu várias vezes no esgoto? Então considere estas ideias:

Primeiro, reconheça que Satanás existe. Porque a nossa luta não é contra a carne e o sangue, mas contra Satanás. Faça como Jesus fez quando encontrou Satanás no deserto. Chame-o pelo nome. Tire a sua máscara. Denuncie o seu disfarce. Ele se apresenta na mais inocente roupagem: uma noitada com os rapazes, um bom livro, um filme popular, um(a) vizinho(a) bonito(a). Mas não permita que ele o faça de bobo! Quando o desejo pelo pecado levanta a sua cabeça feia, olhe-a diretamente no olho e chame-a de blefista. "Pra trás de mim, Satanás!" "Não desta vez, seu cachorro do inferno! Eu já andei pelos seus corredores fedorentos. Volte para o buraco ao qual você pertence!" Seja o que for que você fizer, não flerte com esse anjo caído. Ele vai lhe debulhar como se você fosse trigo.

Segundo, aceite o perdão de Jesus. Em Romanos capítulo 7 encontra-se a Proclamação da Emancipação para todos aqueles que têm uma tendência a pecar. Dê uma olhada no versículo 15: "Porque nem mesmo compreendo o meu modo de agir, pois não faço o que prefiro e sim o que detesto."

Parece familiar? Continue lendo. Versículos 18 e 19: "Porque eu sei que em mim, isto é, na minha carne, não habita bem nenhum, pois o querer o bem está em mim; não, porém, o efetuá-lo. Porque não faço o bem que prefiro, mas o mal que não quero, esse faço."

Amigo, aquele homem leu o meu diário!

"Desventurado homem que sou! Quem me livrará do corpo desta morte"? (versículo 24).

Por favor, Paulo, não pare por aqui! Não existe nenhum oásis nesta esterilidade da culpa? Sim, existe. Agradeça a Deus e reflita profundamente sobre o versículo 25 e o versículo 1 do capitulo 8: "Graças a Deus, por Jesus Cristo, nosso Senhor. De modo que, com a mente, eu próprio sou escravo da Lei de Deus; mas, com a carne, da lei do pecado. Portanto, agora, já não há condenação para os que estão em Cristo Jesus."

Amém! Existe um Oásis. Leia isso corretamente. Sublinhe isso se você quiser. Não há condenação para aqueles que estão em Cristo. Absolutamente nenhuma. Clame pela promessa. Memorize as palavras. Aceite a limpeza. Jogue fora a culpa. Louve ao Senhor. E... fique de olho nos esgotos abertos.

Pense na ideia das "artimanhas especiais" de Satanás. Quais delas, em geral, tendem a funcionar com você?

O que é preciso para evitar as armadilhas deixadas por aqueles "pecados repentinos"?

Que esperança existe para nós que somos tão suceptíveis a pecar?

33
QUEM É O RESPONSÁVEL AQUI?

Você sempre tem problemas para determinar a vontade de Deus para a sua Vida? Você não está só. "Eu me mudo para Mobile ou para Minnesota"? "Eu me aposento ou continuo trabalhando"? "Um engenheiro da IBM ou um escrevente na empresa Sears"? "Eu me caso ou continuo solteiro"? As perguntas são infinitas. Uma após a outra. Cada nova responsabilidade traz consigo novas decisões. "Em que colégio o meu filho deveria estudar"? "É hora de ter filhos"? "Eu deveria viver próximo da igreja ou deveria me mudar"?

Como podemos saber o que Deus quer? Escolhemos no palitinho? Procuramos conselho? Oramos? Lemos a Bíblia? Todas essas ideias estão corretas, mas há uma decisão que precisa ser tomada primeiro. (Um momento, essa é uma decisão difícil.).

Para conhecer a vontade de Deus, devemos nos entregar totalmente à vontade dele. A nossa tendência é a de tomar a decisão de Deus por ele. Eu costumava fazer isso com a minha mãe. Quando criança, eu odiava ficar gripado por duas razões: (I) isso dói, e (II) a minha mãe era enfermeira. Sendo ela uma enfermeira, ela sabia que a maneira mais rápida para se atacar uma gripe é com uma injeção... no meu traseiro. Ai! (Cresci pensando que a penicilina era um palavrão.).

Quando ela me dizia: "Vá e pegue o remédio", eu pegava tudo, menos a injeção. Eu voltava com a mão cheia: Aspirina, Pepto-Bismol, remédio para o ouvido, remédio para o nariz, esparadrapo para o tornozelo – qualquer coisa, menos penicilina. Mas, tão bem quanto as mães sabem fazer, ela ia diretamente ao ponto. "Agora você sabe o que quero", ela dizia com um sorriso, e eu ia pegar a injeção.

Aqui está o ponto. Não vá a Deus com opções e espere que ele escolha uma da sua preferência. Vá a ele com as mãos vazias – sem propósitos escondidos, sem dedos cruzados, nada por trás das suas costas. Vá a ele com um desejo de fazer, seja o que for que ele diga para você fazer. Se você entregar a sua vontade a Deus, então ele "o equipará com tudo o que você precisa para fazer a vontade dele" (Hebreus 13.21).

Esta é uma promessa.

Que decisões você tem à sua frente hoje: grandes ou pequenas?

Você já viu Deus direcioná-lo para uma escolha específica? Como você normalmente pede a ajuda de Deus?

Até que ponto suas mãos estão cheias de opções? Você poderia esvaziá-las diante do Senhor e aceitar a vontade divina antes de sentir a direção de Deus?

PARTE TRÊS
UM INSTRUMENTO PARA NOBRES PROPÓSITOS

34
UM INSTRUMENTO PARA NOBRES PROPÓSITOS

...Feito Santo, útil ao Mestre e preparado
para efetuar qualquer boa obra.
(II TIMÓTEO 2. 21)

Ah, para ser instrumento Teu. Oh Deus.
  Como Paulo para os gentios,
  Como Felipe para os eunucos,
  Como Jesus para o mundo,
  ... para ser instrumento Teu.

Para ser como um bisturi nas mãos de um cirurgião, curando e emendando.
Para ser como o arado nas calejadas mãos de um fazendeiro, semeando e cuidando.
Para ser como a segadeira nas mãos de um ceifeiro, colhendo e usando.
Para ser... um instrumento para nobres propósitos.
Para ser afiado e ajustado,

Moldado por Deus

Em sincronia com a tua vontade,
Sensível ao seu tocar.

Esta, meu Deus, é a minha oração.
    Faça-me do fogo,
    Forme-me na bigorna,
    Modele-me com as tuas mãos,
    E permita-se ser uma ferramenta tua.

Onde está seu coração hoje? Você deseja ser usado por Deus?

O que seria necessário para você ser moldado pelas mãos de Deus em harmonia com a vontade divina?

Pense nestas imagens de Deus: como cirurgião, lavrador, ceifeiro. O Senhor está lhe mostrando uma forma de usar seus dons para ajudar os outros?

35
HOJE FAREI UMA DIFERENÇA

Hoje eu farei uma diferença. Começarei pelo controle dos meus pensamentos. Uma pessoa é o produto dos seus pensamentos. Quero ser feliz e esperançoso. Sendo assim, terei pensamentos que são alegres e esperançosos. Eu me recuso a ser uma vítima das circunstâncias. Não permitirei que inconveniências insignificantes, tais como, luz de freio, filas longas e congestionamentos sejam meus mestres. Evitarei o negativismo e a fofoca. O otimismo será a minha companhia, e a vitória será a minha marca. Hoje eu farei uma diferença.

Serei grato pelas 24 horas que estão diante de mim. O tempo é uma comodidade preciosa. Eu me recuso a permitir que o pouco tempo que tenho seja contaminado pela autopiedade, ansiedade ou aborrecimento.

Vou encarar este dia com a alegria de uma criança e a coragem de um gigante. Beberei cada minuto enquanto ele durar. Quando o amanhã vier, o hoje terá ido para sempre. Enquanto o hoje estiver aqui, eu o usarei para amar e para contribuir. Hoje farei uma diferença.

Não permitirei que o fracasso habite em mim. Ainda que a minha vida esteja cheia de erros, eu me recuso a revolver através do amontoado de fracassos.

Eu os admitirei.

Eu os corrigirei. Continuarei apesar das dificuldades. Vitoriosamente. Nenhuma derrota é fatal. É aceitável tropeçar... Eu me levantarei. É aceitável cair... Eu me levantarei novamente. Hoje farei uma diferença.

Gastarei tempo com aqueles que amo. O meu cônjuge, os meus filhos, a minha família. Um homem pode possuir o mundo, mas ser pobre pela falta de amor. Um homem pode não ter nada e ainda assim ser rico em relacionamentos. Hoje gastarei pelo menos cinco minutos com as pessoas significantes do meu mundo. Cinco minutos de qualidade, conversando ou abraçando, ou agradecendo ou ouvindo. Cinco puros minutos com o meu parceiro (a), com crianças e amigos.

Hoje farei uma diferença.

Você está se deixando dominar por pequenas dificuldades ou por circunstâncias não tão triviais? Ou Deus é seu Senhor em todas as coisas?

Pelo que você é grato?

Que diferença você gostaria de fazer neste dia que lhe é dado?

36
O TÚNEL TESTADO

Nós seguramos o fôlego uma vez que ele desaparecia dentro do túnel. Éramos cinco. Cinco garotos cheios de energia. Estávamos em férias de verão, então as nossas atenções estavam voltadas para o terreno vazio próximo à nossa casa. A terra plana no oeste do Texas era um perfeito parque de diversão.

Naquele dia em particular, parecia que a atenção do mundo inteiro estava voltada para aquele túnel. Nós cavamos um buraco de aproximadamente 92 cm de largura e 1,20 m de profundidade, que pegava mais ou menos a metade do terreno, e o cobrimos com vários pedaços de madeira compensada e uma camada grossa de lama. Nós camuflamos a entrada e a saída do túnel com Tumbleweeds (1) e arbustos, e – pronto! – nós tínhamos um túnel subterrâneo. Eu estava pronto para divertir uma vizinhança inteira de desordeiros, que havia lutado com índios, escapado da escravidão e invadido a Normandia.

Aquele era o dia em que testaríamos o túnel. Será que ele era suficientemente forte? Largo o suficiente? Fundo o suficiente? Muito comprido? Será que ele cairia? A única maneira de saber era mandando um voluntário entrar no túnel. (Talvez a minha memória me falhe aqui, mas acho que foi o meu irmão que concordou em testá-lo).

Era um momento de tensão. Nós cinco paramos solenemente em frente ao túnel com as nossas camisetas e calças jeans. Falamos para ele as últimas palavras de encorajamento. Nós demos palmadas nas suas costas. (Admiramos o seu sacrifício pessoal). Ficamos quietos já que ele decisivamente se colocou de joelhos e entrou no túnel. Seguramos o fôlego enquanto assistíamos a barra de suas calças desaparecendo dentro daquela treva.

Ninguém falava enquanto esperávamos. O único movimento era o pulsar dos nossos corações. Os nossos olhos se mantiveram fixos na saída do túnel.

Finalmente, após cada um de nós ter morrido mil vezes, o cabelo loiro e cheio de areia do meu irmão emergiu do outro lado do túnel. Ainda me lembro do seu pulso triunfante, liderando o caminho enquanto ele saia, dizendo: "Não tem nada de errado! Não se preocupem!" E quem seria capaz de argumentar tendo testemunhado que ele estava vivo e bem, pulando para cima e para baixo na saída do túnel? Todos entramos no túnel.

Existe algo sobre um testemunho vivo que nos dá coragem. Uma vez que vemos alguém emergindo dos túneis escuros da vida, nós nos damos conta de que também podemos superar.

Seria esse o motivo de Jesus ser chamado o nosso Pioneiro? Seria essa uma das razões pela qual ele consentiu em entrar nas horríveis câmaras da morte? Deve ser. As suas palavras, tão persuasivas, não foram o suficiente. As suas promessas, embora verdadeiras, não acalmaram os medos dos homens. As suas ações, mesmo tendo chamado Lázaro para fora do sepulcro, não convenceram a multidão de que a morte não era algo para ser temido. Não. Aos olhos da humanidade, a morte ainda era o véu negro que os separava da alegria. Não existia vitória sobre o adversário. O seu odor desagradável invadiu a narina de cada ser humano, convencendo-o de que a vida só existia para terminar abrupta e totalmente sem senso.

Foi deixada para o Filho de Deus a responsabilidade de desmascarar a verdadeira natureza dessa força. Foi na cruz que a batalha final aconteceu. Cristo pediu a Satanás que mostrasse suas cartas.

Cansado de ver a humanidade enganada por um disfarce, Cristo entrou no túnel da morte para provar que havia uma saída. E enquanto o mundo se tornava em trevas, a criação segurava o fôlego.

Satanás deu o seu melhor soco, mas não foi suficiente. Mesmo as câmaras do Inferno não poderiam parar este atacante. Legiões de demônios não poderiam fazer nada contra o Leão de Judá.

Cristo emergiu do túnel da morte, levantou um brado triunfante pelo céu e libertou todo o mundo do medo da morte.

"A morte foi tragada pela vitória"!

Você tem medo do túnel da morte? Ou como a morte foi tragada pela vitória em sua vida?

Que outros túneis escuros estão diante de você? Você consegue criar coragem ao ouvir o testemunho de outros que enfrentaram situações similares?

E seu próprio testemunho? Você já teve a capacidade, por meio da provação, de encorajar outra pessoa? Você está fazendo isso?

37
O MOVIMENTO QUE ESTAVA CONDENADO A FRACASSAR

Desde o começo, o movimento estava condenado a fracassar. Por uma única razão tudo começou com 120 homens. Notavelmente pouco, quando você considera que as suas pátrias tenham uma população de 4 milhões de pessoas. Além disso, a maioria dos homens era composta por analfabetos e pobres. Eles eram todos operários de produção, muito ignorantes para se levantar numa rebelião que pudesse fazer alguma diferença.

Poucos, se algum, tinham viajado para além do seu país. Eles eram inexperientes e sem cultura. As suas nações eram oprimidas. Os seus povos estavam cansados. Os seus governantes eram corruptos. As suas religiões não tinham fundamento.

A estratégia do movimento foi desastrosa. Nenhum quartel-general foi estabelecido. Nenhuma pesquisa profissional foi realizada. Plantas foram desenhadas pelo pessoal subalterno. Os líderes não eram capazes de entrar em um acordo sobre a definição de sua missão.

Além disso, o movimento não era prático. Muito pelo contrário, era extremo e absurdo. Ele esperava muito em tão pouco tempo. Faltava discernimento. Era muito impaciente com tradições. Convidava para uma reversão nas classes sociais. Ele deu muito poder para as mulheres e para os grupos da minoria.

O movimento estava condenado a fracassar.

Mas ele não fracassou. Ele foi vitorioso. Não só foi vitorioso como também superou qualquer outro movimento na história do mundo. Em trinta anos, a mensagem de Jesus Cristo ficou conhecida em cada porto, cada cidade e em cada quintal existente no mundo. Isso era infeccioso. Era um organismo comovente. Pessoas morreram vendo esse movimento continuar.

Ele poderia ter fracassado, mas fez sucesso. E ainda faz sucesso. O movimento de Deus nunca parará. Alguns dizem que os Estados Unidos da América é uma nação pós-cristã. Isso não importa. Outros zombam pelo absurdo de acreditar em qualquer coisa absoluta. Isso não será o suficiente para parar o movimento. O materialismo cobre o país. Mas o movimento continuará. Talvez o seu ritmo desacelere, mas ele nunca parará.

Talvez a igreja tenha que contender e lutar. Talvez o povo cresça cheio de tradições. Talvez os líderes se tornem míopes. Mas o movimento continuará. Nada jamais acabará com ele. O Comandante Judeu não pode ser silenciado.

Deveríamos nos prostrar de joelhos numa atitude de humildade por Deus ter nos permitido a participar de tal causa. Porque este não é o movimento do homem. Este é o movimento de Deus. E este é precisamente o motivo pelo qual o movimento que deveria fracassar nunca fracassou. Este é o movimento de Deus.

O que é este "movimento" de Deus? O que você sabe sobre a missão de Jesus Cristo nesta terra?

O que você diria é a mensagem central, a crença essencial que uniu e definiu o movimento cristão durante todos estes anos?

Como você se enquadra no movimento? Você promove a causa?

38
COMUNICAÇÃO É MUITO MAIS DO QUE PALAVRAS

Existem basicamente dois tipos de pessoas que se comprometem em conversações: aquelas que querem se comunicar e as que querem se mostrar. O posterior é normalmente um "entendido" em tudo. Ele não pode resistir à tentação de dar a sua opinião na roda. Ele é o amigo que faz um comentário na sala de aula a fim de ser notado pelos outros em vez de aprender com os outros.

O verdadeiro entendido a respeito de um tema nunca precisa humilhar os outros para que ele seja reconhecido. Nem mesmo precisa usar um jargão técnico estrangeiro na comunicação com o público leigo. Tal jargão é útil entre profissionais, mas basicamente inútil em outros lugares.

Temos criado um jargão próprio para a religião – palavras como salvação, santificação, santidade e reconciliação. Estas são palavras inestimáveis e significantes para nós, mas elas nem sempre se comunicam com as pessoas que não são cristãs.

Um dos paradoxos da comunicação é que a palavra deve ser entendida por ambas as partes antes de ela ser aceita para uso. Só porque você entende a palavra ou o conceito, não significa que a pessoa com quem você está conversando também a entende. O comunicador, então, é responsável por escolher palavras que são aceitáveis para ambas as partes. Usar palavras difíceis e longas simplesmente pelo fato de elas impressionarem, não significa que elas farão uma boa comunicação. Jogar palavras ao ar e assumir que elas serão entendidas é ser irresponsável e egoísta.

E. H. Hutten conta uma bonita história sobre Albert Einstein. É um bom exemplo de como um "entendido", que conhece bem de um certo assunto, não sente a necessidade ou o desejo de impressionar os outros. Enquanto em Princeton, Einstein ocasionalmente comparecia a conferências dadas por cientistas, que normalmente se expressavam e se apresentavam de maneira obscura e técnica. Assim Hutten relata o fato:

> *Einstein se levantava após a apresentação e perguntava onde é que ele poderia escrever uma questão. Então ele ia até o quadro-negro e começava a explicar a mesma apresentação feita pelo conferencista, mas de uma maneira bem mais simplificada. "Eu não tenho certeza de tê-lo entendido corretamente", dizia ele com grande gentileza, e então deixava claro que o conferencista não tinha se pronunciado claramente.*

É isso o que significa ter uma comunicação efetiva. Jesus era o Mestre em nunca assumir que algo tinha sido comunicado somente por ter sido dito. Ele usava de uma criatividade infinita: ilustrações, parábolas, testes, questões, estudos, e assim por diante. O teólogo e filósofo Aquinas disse há muito tempo: "O professor ruim fica onde ele está e pede ao aluno que venha até ele. O bom professor vai até onde o aluno está, o chama, e o lidera para onde ele deve ir."

É mais importante para você estar certo ou comunicar?

Como cristão, o que você espera comunicar àqueles que fazem parte de seu mundo?

Como você aborda a questão da Grande Comissão de Jesus: você espera que o discípulo venha até você? Há alguém que você deveria procurar?

39
AMOR INEGOCIÁVEL

Foi um longo verão. Eu tinha 13 anos de idade, um lateral-esquerdo no time local da liga Pony. Bati o recorde em não acertar na bola... como batedor, e não como um lançador de bola. Joguei durante toda a temporada e só fiz dois ataques. Mais de sessenta jogadas e só acertei duas.

Só dois acertos! Isso não é bom nem para ser chamado de fracassado. São muitas caminhadas desde a taça até ao abrigo dos jogadores. Chegou a ponto de o meu time se lamentar quando eu era chamado para jogar. (O outro time adorava.) Muito duro para a autoestima de um garoto de 13 anos que tinha sonhado em jogar no time dos Dodgers.

A única coisa certa que aconteceu naquele verão foi a atitude dos meus pais com relação ao meu "fracasso". Eles nunca perderam um jogo. Nunca. E nenhuma das vezes em que olhei para a arquibancada vi as cadeiras deles vazias. Eu ainda era o garoto deles, mesmo tendo levado o meu time ao fracasso. O compromisso deles era muito mais profundo do que a minha performance. Eles me mostraram a importância de um compromisso resoluto.

O Velho Testamento contém a bonita história de Noemi e Rute, uma sogra e uma nora que perderam os seus maridos.

Noemi, uma estrangeira na terra de Rute, deseja retornar para o seu próprio país. Rute, ainda jovem e núbil, mostra a sua lealdade para com a sua sogra, indo com ela e provendo para o seu bem-estar. A determinação e o comprometimento de Rute são evidentes nestas palavras: "Aonde quer que tu fores, irei também, e onde quer que pousares, ali também pousarei. O teu povo será o meu povo e o teu Deus será o meu Deus. Onde você morrer, eu também morrerei, e ali eu serei sepultada". (Rute 1:16-17).

Um relacionamento com essa dimensão pode nos fazer boiar sobre as águas mesmo quando estivermos atravessando a mais violenta tempestade. Os Beatles cantavam, "Você ainda precisará de mim. Você ainda me alimentará, quando eu estiver com 64 anos"? Oh, a agonia de estar com 64 anos (ou com qualquer idade, para aquele mestre) e não ter ninguém para cuidar de você ou para precisar de você. Felizes são aqueles que têm um amigo, um relacionamento que não está baseado na aparência ou na performance. Cada pessoa precisa de pelo menos um amigo fiel ou de um (a) parceiro (a) que lhe olhe nos olhos e diga: "Eu nunca te deixarei. Talvez você fique velho e grisalho, mas nunca te deixarei. Talvez você fique com rugas no rosto e o seu corpo envelheça, mas ainda assim nunca te deixarei. Talvez o passar dos anos seja cruel e os tempos sejam difíceis, mas nunca te deixarei. Nunca te deixarei".

Pense por um minuto sobre as pessoas do mundo. O que elas pensam sobre o seu compromisso com elas? Como você classificaria a sua fidelidade? A sua lealdade às vezes oscila? Existe alguma pessoa com quem você tenha um contrato infalível?

Uma vez, dois amigos estavam lutando juntos na guerra. O combate era muito violento e muitas pessoas morreram. Quando um dos dois amigos se feriu e não conseguia voltar para a trincheira, o outro foi buscá-lo contra a vontade do capitão. Ele retornou extremamente ferido, e o seu amigo, que ele havia ido buscar, estava morto.

O capitão olhou para o soldado ferido, balançou a cabeça, e disse: "Não valeu a pena."

O jovem rapaz, que ouviu por acaso o comentário, sorriu e disse: "Mas valeu a pena, senhor, porque quando eu o encontrei ele disse: Jim, eu sabia que você viria."

Tire o máximo possível dos seus relacionamentos. Siga os conselhos de Benjamin Franklin: "Seja demorado para selecionar os amigos, e ainda mais demorado para abandoná-los."

Por que é importante para nós sermos fiéis em nossos vários relacionamentos? Que modelo temos?

Você é fiel como amigo, cônjuge, membro da família?

40
FICAR SOLTEIRO: ERRO OU MISSÃO?

Na nossa cultura, existem algumas coisas que simplesmente não sabemos como lidar: reatores nucleares, inflação, pornografia, e talvez a mais confusa de todas, pessoas solteiras.

Pessoas solteiras. Que enigma! Aquelas criaturas incomuns sem maridos ou sem esposas. O que você diz a elas? Como você pode desenvolver uma conversa com pessoas tão privadas e socialmente amputadas? Você tem pena delas? Encoraja-as? Ignora-as? A nossa cultura é tão construída ao redor das casas daquelas que sem uma casa são... bem, elas são como um avião sem um hangar (que voa alto, mas não tem nenhum lugar para ir na hora da tempestade).

Certa vez, antes de eu me casar, viajei para visitar a universidade onde havia estudado. Revi muitos amigos. Amigos casados, professores, ex-colegas de classe, pastores, ex-namoradas. A atitude deles para com o fato de eu ainda estar solteiro foi divertida.

– Você ainda não achou a garota certa? – Perguntaram eles.

– Gee, Max, eu sinto muito. (Como se eu tivesse fracassado na vida).

Alguns tiveram um melhor discernimento.
– Como está a sua vida social? (O que eles realmente queriam era um relatório explicativo).
– Bem – eu dizia. (Fui excluído da turma por deixá-los sem resposta).
–Oh! – Eles ficariam nervosos e então encerraram a conversa com algo mais discreto:
– E nos sábados à noite?
Outros tiveram pena de mim. Alguns colocavam o braço no meu ombro ou pegavam gentilmente a minha mão (como se eu estivesse com uma doença terminal) e me consolavam: "Deus tem uma pessoa esperando por você, Max. Não tenha medo." (Era só minha imaginação ou eu realmente detectei uma solidariedade coçando no dedo sem aliança?).

Sei que as pessoas não fazem isso por maldade. Mas, honestamente... é o celibato realmente uma doença? A vida e o significado das coisas são somente encontrados no altar do casamento? Não existe quarto na hospedaria para aqueles que dormem sozinhos? Será que eles são tão subdesenvolvidos socialmente?

Jesus sugeriu que o celibato é mais do que aceitável. Na verdade, Jesus chamou isso de dom (Mateus 19.12); não é para todo mundo, mas para alguns. Um dom que encoraja "a devoção separada para o Senhor" (I Coríntios 7.35). Talvez, então, um cristão solteiro não deveria ser tratado como um cristão espiritualmente impotente, mas como um que tem um dom diferente. Eu era grato pelo meu "dom" de celibato. Mais tarde, Deus escolheu trocar o meu dom de celibato pelo dom de uma esposa. E também sou grato a ele por isso, e continuo o servindo.

Mas, acredite você ou não, é possível estar contente e ir para casa quando o apartamento está vazio.

Não ter um (a) companheiro (a) não é tão ruim quanto parece. Na verdade, isso poderia ser parte de um plano.

Como você vê os solteiros em seu mundo?

Como você pode imitar a atitude de Jesus para os solteiros quando se encontra com eles?

41
A LÍNGUA VENENOSA

Certa vez conheci uma senhora extremamente corajosa. Ela era corajosa por várias razões. Por um lado, ela estava travando uma batalha contra o alcoolismo. Por outro, estava fazendo o que podia para restaurar o seu relacionamento com Deus. É duro recomeçar. É ainda mais duro recomeçar quando as pessoas não permitem.

Ela escolheu uma igreja pequena para congregar, uma igreja onde conhecia vários membros. Ela achou que seria bem recebida lá. Num domingo, estacionou o carro próximo à igreja e desceu. No momento em que caminhava para a porta da frente da igreja, ouviu duas senhoras conversando. As palavras ofensivas não eram para que ela as ouvisse, mas de qualquer maneira ela as escutou.

"Por quanto tempo aquela alcoólatra ficará vindo aqui?"

Ela virou e voltou para o carro. Nunca mais entrou em outra igreja até o dia de sua morte.

Aquelas senhoras não pretendiam causar nenhum dano, no entanto, aparentemente, a fofoca indolor causou um dano irreparável.

Essas cinco ideias nos ajudarão a controlar as nossas línguas:

1. Nunca diga algo sobre alguém que você não seja capaz de dizer para a própria pessoa.

2. Nunca diga algo sobre alguém, a menos que ela esteja lá para se defender.

3. Recuse-se a ouvir fofocas sobre outras pessoas.

4. Inicie um relatório positivo sobre a pessoa da qual você esteja falando.

5. Lembre-se: "A língua... é um fogo" (Tiago 3.6)

Você dá ouvido a mexericos ou contribui para eles?

Você tem o hábito de pensar e falar bem dos outros?

Sua língua precisa ser domada? O que o Senhor deseja de você? E como você procurará obedecer a Deus?

42
O DIA DA PERGUNTA. A PERGUNTA!

O dia começou sendo suficiente. Era sábado de manhã. Fui dormir uma hora mais tarde do que o normal. O sol da manhã saudou o vagaroso abrir dos meus olhos. Ainda subconscientemente eu me virei na cama, desfrutando do ritmo calmo do final de semana. "O céu será um eterno sábado de manhã..." Fantasia.

Então lembrei. Os meus olhos se abriram rapidamente. "Hoje é o dia". Engoli seco. O dia da pergunta. A pergunta. Este era para ser um dia e tanto. Na verdade, eu nunca tinha tido um dia como este.

Zona do crepúsculo. Mundo de sonhos. Tomei banho? Não me lembro. Nós tomamos café da manhã. Fomos às compras. Eu estava dentro e fora da realidade. Pasmado (exatamente como me senti quando o sino tocou no jogo de futebol no pátio da escola: Ãhn... Sim, acho que sou o Max").

Durante todo o dia me senti como se estivesse na cidade do Mágico de Oz ou na Disneylândia. Continuei aguardando por um comercial que me trouxesse de volta à realidade. Experimentei sintomas bobos de amor que na maioria das vezes considerei tolos. Mãos suadas. Gaguejo. Exuberância. Descrença.

O dia da pergunta. A pergunta. Ela não sabia. Pelo menos eu não disse nada a ela. (No entanto, ela já esperava por isso. Ela sabia que isso já estava acontecendo muito antes de eu dizer).

Exatamente uma hora antes, após ter saído da joalheria (com a aliança) e a caminho de casa, orei novamente. "Senhor, o tempo está acabando. Se o Senhor não quer que eu faça isso... quebre este carro!" Mas ele não quebrou.

Nós comemos comida chinesa no meu apartamento. O meu estômago não estava tão faminto, então não comi muito. Após o jantar, nós nos sentamos no sofá. O meu braço bateu numa planta que estava sobre as nossas cabeças. A planta caiu sobre ela. Romântico, não acha? Amigo, eu me senti estúpido.

Nós nos sentamos para comer a sobremesa. Eu tinha colocado o meu pedido dentro de um biscoito da sorte. Ela começou a chorar quando iniciou a leitura do bilhete. Hummm. Fiquei preocupado. Eu fiz alguma coisa errada.

Mas ela disse sim.

Ainda que eu tivesse a caneta de um mágico, eu não poderia descrever o que senti naquele momento. Eu estava dominado pelo sentimento. Eufórico. Alegre. Sentindo-me humilde, por alguém tão especial ter retribuído ao meu amor. E agradecido – por Deus ter me dado tal dom.

Deus participa de algum modo das decisões e assuntos de sua vida?

Pense nos dons que ele lhe deu. Você é grato a Deus? Como você pode viver em gratidão?

43
CINCO VOTOS DE SEGURANÇA

Hoje é um novo dia. Consequentemente,

1. Eu me recuso a ser algemado pelas derrotas de ontem.

2. O que eu não conheço, não será mais uma intimidação – isso será uma oportunidade.

3. Não permitirei que pessoas definam o meu humor, os meus métodos, a minha imagem ou a minha missão.

4. Procurarei uma missão maior do que eu mesmo, fazendo com que uma pessoa se sinta feliz quando me vir.

5. Não terei tempo para autopiedade, fofoca, ou negativismo... que venha de mim mesmo ou de outros.

A que fracassos você está se prendendo ou está algemado?

Você deixa que pessoas ou circunstâncias determinem suas atitudes e ações?

De quem é a missão na qual você investe?

44
A ORAÇÃO DO MATRIMÔNIO

Crie em nós amor, oh, Senhor.
    Um amor eterno....
    O teu amor.
    Um amor que perdoa
        qualquer fracasso.
    Que une
        qualquer distância.
    Que resiste
        qualquer tempestade.

Crie em nós, oh, Senhor.
    Um novo amor.
    Um amor forte.
    Um amor com
        a brandura de um cordeiro.
    a grandeza de uma montanha.
        a força de um leão.
    E nos faça um, intimamente um.

Moldado por Deus

Como tu criastes centenas de cores num só pôr do sol,
Milhares de cedros numa só floresta,
E incontáveis estrelas numa só galáxia...
Faça com que os nossos corações
sejam somente um.
Pai, para sempre...

Que o Senhor seja louvado, Pai.
 Para sempre.

Se você é casado, ou faz planos de se casar, pense na oração anterior.

Vocês compartilham o amor de Deus?

Vocês estão unidos em Cristo?

O que podem fazer hoje para buscar um coração unido?

45
SARA

'Sara sentou sozinha. As suas mãos, sardentas pela idade, descansavam sobre a sua perna. Ela costurou o seu melhor vestido. O quarto da clínica de repouso onde ela morava aspirava primavera: margaridas em um vaso, Poinsetia do lado de fora da janela.
"Os domingos são especiais, você entende."
A parede da clínica de repouso aspirava família: uma foto grande do seu neto Jason abraçado com Brando, o cachorro terrier; um retrato do seu filho Jerry, o dentista, e a família dele em Phoenix; Sara e o seu último marido cortando o bolo do quadragésimo aniversário de casamento deles. "Era para termos completado cinquenta anos em maio."
Sara sentou sozinha. "Eles vieram no último Natal", disse ela claramente (como se estivesse defendendo a sua família).
Um telegrama e um cartão de aniversário estavam colados no espelho da cômoda. Um grupo da igreja estava cantando hinos no corredor de baixo. Ela fez o melhor que podia para que o seu quarto tivesse um clima de "lar", mas uma só pessoa não pode fazer muito.
Milhares de quilômetros distantes uma família brincava.
Sara não é uma mulher doente ou feia. Ela não é inútil ou

caduca. Ela é simplesmente idosa. Ela não é insana, embora ela mesma confesse que a insanidade esteja batendo à porta. Ela não sofre de câncer ou de artrite. Ela nunca teve um derrame. Não, a doença dela é muito mais severa. Ela sofre de rejeição.

A nossa sociedade tem somente um pequeno espaço para os idosos. Perdemos a conta da quantidade de pessoas que vivem como Sara. Ninguém os esquece intencionalmente. Talvez esse seja o motivo de isso ser tão doloroso. Se houvesse uma razão como uma briga, um erro, uma disputa... Mas normalmente isso não acontece intencionalmente.

Rejeição não intencional. Isso matará Sara; ela morrerá de solidão. Não importa o quão convalescente seja a casa de repouso; as enfermeiras e os amigos idosos não substituirão o sorriso de um neto ou o beijo de um filho.

Invista todo o seu amor nela agora.
Não se esqueça das suas mãos, apesar de sardentas.
Do cabelo, apesar de diminuído,
Dos olhos, apesar de ofuscados,
Porque eles são parte de você.
E quando eles se forem, uma parte de você também irá.

Há alguém em processo de convalescença que precisa de seus cuidados hoje? Que compromisso você pode assumir em favor dessa pessoa?

Quem mais faz parte de você – o corpo de sua igreja, sua comunidade, seu local de trabalho – que pode precisar de algum tipo de cuidado, seja físico ou emocional? O que você pode fazer para investir amor nessa pessoa?

Por que devemos cuidar dos doentes, dos idosos e dos solitários? O que Jesus diz sobre eles?

46
O DETECTOR DE PEIXES

Eu não reclamo das novas invenções, que cooperam para que a nossa vida seja mais fácil. Amo as nossas torradeiras, os secadores de cabelo, as calculadoras. Acho que elas fazem com que os pequenos obstáculos do nosso dia a dia se tornem mais fáceis. Sim, eu gosto de novas ideias... mas, dessa vez, nós fomos um pouco além do necessário.

Chama-se detector de peixes, e se parece com um secador de cabelos. Você põe a ponta dentro da água e puxa o gatilho. Uma borda digital responde aos sensores localizados no bico, que responde por sua vez, alternadamente, à presença do peixe. Te peguei! As pequenas e pobres criaturas brânquias são vítimas de um sistema de radar tão avançado quanto qualquer coisa usada na II Guerra Mundial.

Mas o real perdedor não é o peixe. É o pescador.

Não fiz muito na minha vida, mas uma coisa eu fiz. Na verdade, não posso me lembrar de uma única vez em que nós não tenhamos pescado durante as férias. A nossa pescaria era tão consistente quanto o bastão de Hank Aaron (famoso jogador americano de beisebol). Horas para passar. Barrancos. Trutas pulando. "Shhh, você assustará os peixes." Sapatos molhados. Rolhas sacudindo sobre a água. Acordando cedo. Um motor com 15 cavalos. Peixes fluviais. Minhocas.

Anzóis. Linhas de pesca. Fotografias. E conversas de homem para homem. (A vara de pescar faz milagres na hora da conversa). Você pode sugerir um assunto e nós conversamos sobre isso. Futebol, garotas, escola... Deus. Sempre existe um tempo para conversar na hora da pescaria.

Como você pode ver, realmente não importa se você pegar um peixe ou não. Ah, claro, é o que todo mundo lhe pergunta: "O que você pegou?" Mas a beleza da pescaria não está no que você pegou, mas sim na experiência da pescaria.

E um detector de peixes? Bem, me parece quase irreverente. É como se fosse um casamento feito por você mesmo ou um namoro computadorizado. É como um lançador de beisebol eletrônico (espera-se que os pais também façam isso!) ou aquelas toras falsas que você coloca em uma lareira.

A pescaria é um daqueles momentos sagrados que não podem ser violados e não podem ser duplicados.

Qual é seu momento sagrado? Quando você caminha à tarde com um amigo? Quando você toma café da manhã com sua esposa? Quando você dirige com seu filho por horas? Numa tarde, quando você está na praia com sua filha?

Talvez eu esteja levando muito a sério o negócio do detector de peixes. Ou talvez não. O ponto é: as pessoas não têm preço. Nós nunca deveríamos permitir que um aparelho eletrônico interferisse na simplicidade preciosa da espera pela fisgada do peixe. Se meu pai e eu tivéssemos comprado um detector de peixes, nós teríamos pegado mais peixes, mas nunca teríamos tido incontáveis e preciosas conversas.

Meu pai. O melhor pregador do mundo? Provavelmente não. O melhor pai? Pode ter certeza disso.

Pense nos momentos especiais em sua vida. Você está criando tempo para eles? Você está criando tempo para as pessoas em sua vida?

A quem você dá muito valor? Essas pessoas sabem disso? Isso é óbvio no tempo que vocês passam juntos?

Algum atalho, como ocorreu com o homem que detectava peixes, está encurtando as experiências reais de sua vida?

47
TRIUNFANTE...
PARA SEMPRE!

O triunfo é uma coisa preciosa. Nós honramos o triunfante. O soldado galante montado em seu cavalo. O explorador determinado retornando da sua descoberta. O atleta vencedor erguendo o seu triunfante troféu da vitória. Sim, nós amamos o triunfo.

    O triunfo traz consigo um aumento de propósitos e significados. Quando estou triunfando, eu sou digno. Quando estou triunfando, eu sou considerado. Quando estou triunfando, eu tenho significado.

    No entanto, o triunfo é passageiro. A vitória mal chegou e de repente já se foi. Alcançou, mas agora é história. Ninguém é campeão para sempre. Mas é tempo para outra conquista, outra vitória.

    Talvez essa seja a absurdidade da alegação de Paulo: "Mas graças, porém, a Deus, que, em Cristo, sempre nos conduz em triunfo..." (II Coríntios 2.14).

    O triunfo de Cristo não é temporário. Ser "triunfante em Cristo" não é um evento ou uma ocasião. Não é passageiro. Ser triunfante em Cristo é um estilo de vida... um estado de espírito! Ser triunfante em Cristo não é algo que fazemos, é algo que nós somos.

Aqui está a grande diferença entre vitória em Cristo e vitória no mundo: um vitorioso no mundo se alegra por algo que ele fez – atravessar o canal da Mancha, escalar o monte Everest, juntar 1 milhão de reais. Mas o crente se alegra pelo que ele é – um filho de Deus, um pecador perdoado, um herdeiro da eternidade. Como diz o hino: "Herança da salvação, comprado por Deus, nascido no espírito, lavado pelo seu sangue."

Nada pode nos separar do nosso triunfo em Cristo. Nada! O nosso triunfo é baseado não sobre os nossos sentimentos, mas sobre o dom de Deus. O nosso triunfo não é baseado sobre as nossas perfeições, mas sobre o perdão de Deus. Quão precioso é este triunfo! Ainda que sejamos pressionados por todos os lados, a vitória continua sendo nossa. Nada pode alterar a lealdade de Deus.

Recentemente um amigo meu perdeu o pai. Por muitos anos, a fé do pai dele serviu de inspiração para muitas pessoas. O meu amigo me disse que nos momentos em que ele estava a sós com o corpo do pai, enquanto ele olhava no rosto dele, um certo pensamento continuou veio à sua mente: Você venceu. Você venceu. Você venceu! Exatamente como Joana D´arc disse, quando ela foi abandonada por aqueles que deveriam ter ficado ao seu lado: "É melhor estar sozinha com Deus. A amizade dele nunca me abandonará, nem o seu conselho, e nem o seu amor. Na sua força eu suportarei, e suportarei, e suportarei até que eu morra."

"Triunfante em Cristo." Não é algo que fazemos. É algo que somos.

Onde você encontra seu sentido? Em suas vitórias ou nas de Cristo?

O que você acha que significa viver de acordo com o estilo de vida vitorioso de Cristo? Você sabe quem você é em Cristo?

Que implicações isso tem para as situações específicas de sua vida: seus relacionamentos, seu trabalho, seu tempo livre, suas reflexões diárias e adoração?

48
A CRIAÇÃO DE UM MOVIMENTO

Cada um de nós deveria levar uma vida suficientemente inspiradora para iniciar um movimento. Nós deveríamos ansiar por mudar o mundo. Deveríamos amar insaciavelmente, sonhar inabalavelmente e trabalhar incessantemente.

Deveríamos tapar nossos ouvidos para as diversas vozes do compromisso e nos perder nos galhos da verdade. Deveríamos defender o valor das pessoas, proclamar o perdão de Deus e a promessa do céu.

E deveríamos levar uma vida suficientemente inspiradora para causar um movimento.

Será que nós veremos a ocorrência de um movimento? Talvez sim, talvez não.

Os movimentos nunca percorrem os seus cursos em uma geração. Os grandes avivamentos e reformas que marcaram a história da humanidade nunca foram feitos por uma só pessoa. Cada movimento é a soma de visionários que se foram; gerações de vidas descomprometidas e de verdades inegociáveis. Homens fiéis que lideraram vidas cheias de força.

Sem dúvida alguma, existiram muitos com a sabedoria

de Lutero ou com a oratória de Paulo, de quem não ouvimos nada. Talvez um açougueiro desconhecido na Grécia, um companheiro na França, um mecânico em Idaho. Homens com a vida de Deus que formam uma parte do movimento.

Um movimento vem da idade, quando uma vida colhe as sementes plantadas por vidas incontáveis nas gerações anteriores. Um movimento ocorre quando uma pessoa, nem maior e nem menor do que aqueles que se foram, vive uma vida cheia de força na plenitude do tempo. Nunca pense que os grandes movimentos de Lutero, Calvino ou Campbell foram inteiramente feitos por eles. Eles simplesmente tinham vidas cheias de força, colocadas por Deus numa fresta receptiva da história.

Vamos viver uma vida suficientemente inspiradora e cheia de força, a fim de causar um movimento. A verdadeira marca de um visionário é o seu desejo de depositar a sua vida por aqueles que ele nunca conhecerá.

Será que esse movimento virá na nossa geração? Espero que sim. Mas, caso ele não venha, ainda que nós não o vejamos, ele ocorrerá. E nós todos seremos parte dele.

O que a ideia de um movimento significa para você?

Sua vida está "agitada a ponto de causar um movimento"? Que tipo de movimento seria?

Como Deus quer que você viva? Que tipo de escolhas você deve fazer hoje para viver como um seguidor de quem é o verdadeiro criador do movimento?

CONCLUSÃO
FORA DA BIGORNA

49
FORA DA BIGORNA

Enquanto escrevo a conclusão deste livro, os meus pensamentos estão todos tumultuados. Minha esposa e eu acabamos de retornar de uma viagem de emergência para os Estados Unidos, onde estivemos com o meu pai. Ele está muito doente. Ele sofre de uma doença chamada Lou Gehrig's, um músculo enfraquecido, da qual não se conhece a causa e nem a cura. Fomos chamados a ir até lá, sem saber se ele ainda estaria vivo quando chegássemos ao hospital. E meu pai ainda estava e está. Contudo, apesar de ele ter tido melhoras, nós sabemos, e ele também sabe, que o tempo dele está se aproximando.

O meu pai é um homem de uma extrema fé. Um professor capaz e um forte líder, ele nunca deixou nenhuma dúvida em relação à posição dele para com Deus. As suas primeiras palavras para nós, quando ele nos viu na UTI foram: "Eu estou pronto para ir para o Céu; Acho que o meu tempo chegou."

Quando a doença foi diagnosticada, minha esposa e eu estávamos nos estágios finais da nossa preparação para sermos missionários no Rio de Janeiro, Brasil. Quando eu soube que o papai tinha uma doença terminal, escrevi para ele, me oferecendo para ficar ao seu lado e deixar a missão. Ele me respondeu imediatamente, dizendo: "Não se preocupe comigo. Eu não temo a morte e nem a eternidade; simplesmente vá... agrade somente a ele."

A vida do meu pai é um exemplo de um coração derretido no fogo de Deus, formado em sua bigorna e usado na sua vinha. Ele sabia, e sabe, para que a sua vida servia. Numa sociedade de tantas perguntas e confusões, a vida dele era uma daquelas que têm definição.

O tempo em que ficamos na bigorna deveria servir para entendermos qual é a nossa missão e definir os nossos propósitos. Quando uma ferramenta emerge da bigorna de um ferreiro, sabe-se exatamente para que fim ela foi feita. Não existe dúvida quanto a por que ela foi feita. Uma só olhada na ferramenta é o suficiente para sabermos qual é a sua função. Você pega um martelo e sabe que ele foi feito para martelar os pregos. Você pega um serrote e sabe que ele foi feito para serrar madeira. Você pega uma chave de fenda e sabe que ela foi feita para apertar parafusos.

Quando um ser humano emerge da bigorna de Deus, deveria acontecer o mesmo com ele. Ser testado por Deus nos faz lembrar que a nossa função e tarefa têm a ver com as coisas de Deus, que o nosso propósito é de ser uma extensão da sua natureza, um embaixador da sala do seu trono e um proclamador da sua mensagem. Nós deveríamos deixar a loja do ferreiro sem nenhuma dúvida com relação à razão da nossa existência. Nós conhecemos os nossos propósitos.

Num mundo de identidade confusa, num mundo de compromissos oscilantes e futuros nublados, sejamos firmes na nossa função. A sociedade está em terrível necessidade por um quorum de pessoas cuja tarefa é a de iluminar e cuja determinação é inextinguível.

Deus não escondeu a sua vontade com relação ao seu povo. O nosso Mestre não joga conosco. Nós sabemos quem somos. Nós sabemos para que fim existimos. Talvez reste agora uma pergunta sobre como e com quem deveríamos dar continuidade na nossa missão. Mas a verdade continua sendo a mesma: nós somos o povo de Deus, e fomos criados para os propósitos dele.

Se vivermos a nossa vida dessa maneira então poderemos, como o meu pai, entrar nos últimos anos de nossa vida com a segurança de que a vida foi bem vivida e que o Céu está somente a um piscar de olhos.

E existe recompensa maior do que essa?

Você sabe qual é seu propósito, para que você foi criado? Sua vida interessa a quem: a você mesmo ou a Deus?

É possível até para um cristão de longa data viver sem um senso de propósito. Você pediu a Deus para usar sua vida para o serviço dele?

O que você pensa sobre a eternidade? Você tem medo da morte ou da vida após a morte? Você está ansioso para passar a eternidade com Deus?